정치는 사유될 수 있는가

정치는 **사유**될 수 있는가

알랭 바디우 지음 | 박성훈 옮김

도서출판 길

옮긴이 **박성훈**은 연구집단 CAIROS 회원이며, 원래 생물학 전공자였지만 지금은 철학 및 신학 관련 책들을 번역하고 있다. 옮긴 책으로는 알랭 바디우의 『행복의 형이상학』, 피터 홀워드의 『알랭 바디우: 진리를 향한 주체』, 테드 W. 제닝스의 『예수가 사랑한 남자』, 『데리다를 읽는다 / 바울을 생각한다』가 있고, 함께 옮긴 책으로는 지그문트 바우만의 『이것은 일기가 아니다』, 알랭 바디우의 『비트겐슈타인의 반철학』이 있다.

정치는 사유될 수 있는가

2017년 2월 15일 제1판 제1쇄 찍음
2017년 2월 20일 제1판 제1쇄 펴냄

지은이 | 알랭 바디우
옮긴이 | 박성훈
펴낸이 | 박우정

기획 | 이승우
편집 | 김미경 · 천정은
전산 | 한향림

펴낸곳 | 도서출판 길
주소 | 06032 서울시 강남구 도산대로 25길 16 우리빌딩 201호
전화 | 02)595-3153 팩스 | 02)595-3165
등록 | 1997년 6월 17일 제113호

ISBN 978-89-6445-138-0 03100

머리말

적어도 1789년 이래 전형적인 현장(site)■이었던 내 나라, 화해할 수 없는 분쟁을 통해 모든 주제가 정치적으로 규정됨을 증언했던 이곳 프랑스에서, 오늘날 정치는 그 부재의 조짐을 보이기 시작했다.

정치가 선거, 의회, 조합, 대통령직, 텔레비전으로 방송되는 선언, 성대한 순방 같은 스쳐 지나가는 일과 관련하여 언급된다 하더라도, 누구나 알고 있듯 무책임한 말들만이 난무하기에 문제는 본래의 의미를 잃은 무대 자체이며, 그로부터 징후들이, 곧 모든 욕

■ 이 'site'라는 말은 사건이 일어나는 장소를 가리킨다. 『주체의 이론』(*Théorie du sujet*, 1982)의 영향력 안에 있는 이 책에서 바디우는 이후에 제시하는 네 가지 유적인 진리 중 정치에 경도되어 있으며, 그런 의미에서 여기서 말하는 '현장'은 정치적 사건의 현장이다.

망이 제거된 자동적 주체와 연결될 뿐인 획일성의 징후들이 생겨난다.

좌파와 우파, 노동자 운동과 경영자, 민족주의(nationalisme)와 국제주의(internationalisme), 자본주의와 사회주의, 사회주의와 공산주의, 자유와 권위 등 선택이 지정되는 정초적 범주들은 그 자체로 효력을 잃어 〔정치 문제에 대한〕 전문가들의 지체와 후속 활동가들의 부재 이상을 지시하지 못하게 된다.

분명히 그때그때 일어나는 자잘한 사건들(micro-événements)은 늘어나고 있다. 그러나 이러한 사건들은 주체적인 쟁점을 결여한 재현에 참석하고 있다는 확신을 일으키는 전반적인 안일함에 둘러싸여 이에 오염된다.

정치적으로, 프랑스는 그 국민적 존재와 유리되어 회의주의의 지상권에 빠져들었다.

이 형상은 하이데거에 따를 때 정치적인 것의 후퇴가 역사와 민족에 도래하는 것이라 할 수 있는데, 나는 이 형상이 헛된 것이라 여기지 않는다. 내 관점에서 이 형상은 어떠한 두려움이나 단념도 유발하지 않는다. 나는 오히려 이 형상이 철학자를 어떤 본질적인 결정으로 초대한다고 생각한다.

정치의 휴지(休止)가 명확할 때, 철학자는 그 휴지를 정초의 방향으로 포섭하는 일이 긴급한 명령이라 여긴다. 그 주제를 둘러싼 최근의 논쟁은 토대를 놓는 반성적 투명성으로서의 자유를 옹호하는 자들과 인과성의 체제에 대한 규정으로서의 구조를 옹호하는 자들을 대립시켰다. 사르트르와 알튀세르 사이에 벌어진 논쟁에서 이는 근본적으로 원인(Cause)과 원인(cause)의 대결이었다.■

그러나 그 부재의 과정을 확인하고자 할 때 우리는 사라지는 무언가로 향하는데, 의제(l'ordre du jour)는 정초가 아니라 오히려 사라짐의 장소 자체를 본질화하는 능력이다. 모든 정초의 사유는 토대가 있는 무언가에 대한 경험으로 되돌아간다. 철학이 정치적인 것(le politique)이 물러나 비어 있는 장소 주위에 머무른다면, 철학은 더 이상 정치적인 것의 토대를 지키는 수호자가 아니라 그 부재의 공리(公理, axiome)를 지키는 수호자이다. 실제로 정치적인 것이 물러난다면, 그것은 완전히 저절로 일어난 무언가의 체제에 따르기에, 정치적인 것의 경험이 더 이상 문제가 되지 않기 때문이다. 철학은 이러한 경험의 부재를 후퇴라고 일컫는데, 이는 관리에서 이탈해(délocalisé) 피난처로 들어가는 후퇴이며, 개념 없이 일어난 현상 유지의 장소(avoir-eu-lieu d'un maintien)로 들어가는 분산이

■ '대문자 원인과 소문자 원인의 대결'에서 고려해야 할 사항은 한편으로 토대를 놓는 혹은 정초하는 작업에서는 이전에 있던 것과 단절된 최초의 원인(Cause)이, 그리고 다른 한편으로 구조와 관련한 작은 원인들을 연관짓는 작업에서는 이전의 원인에서 결과로 이어지는 인과적인 원인(cause)이 관건이라는 점이다. 즉, 사르트르에게 중요한 것은 최초의 토대가 되는 대문자 원인, 알튀세르에게 중요한 것은 소문자 원인들이 서로 연결되어 구조를 이루는 인과적 원인-결과라는 말이다.

다. 철학은 사태의 이러한 전망에서 한편으로는 경험된 사건의 우연한 충만, 즉 혁명의 우두머리 또는 지도자의 운(Fortune)과 다른 한편으로는 '근대화'를 통해 힘의 정점에 이른 자본의 방황적 자동성 사이의 간극에서 정치적인 것과 관련하여 설정되는데, 거기에서 정치적인 것은 결코 경험에 주어지지 않으며, 정치적 주체에 대한 가설은 어떤 것이든 완전히 제거될 수 있다. 정치적인 것의 본질을 후퇴로 간주하는 사유는 거의 없는 것에 가까운, 그리고 우리의 시간이 그것의 불운을 이루는, 운과 반복 곧 투케(τυχὴ)와 아우토마톤(αὐτομάτον) 사이의 간극으로 끼어든다.

그러나 실제로, 정치적인 것이 어떤 경험의 개념이나 정부의 주체적 규범일 수 없다는 사실은 훨씬 앞서 시작되었다. 여기에서 사유는 이 '앞서'라는 말로 향해야 한다. 사유는 후퇴의 선언—철학을 통해 정치적 경험의 결여를 명명하는—을 최종 결과로 삼을 뿐인 어떤 것과 동시대적이어야 한다는 것이다.

정치적인 것(*le* politique)은 정확하게 후퇴와 부재 속에 있으며, 이로부터 정치적인 것의 본질에 관한 심문이 유래한다. 그러나 이는 *정치*(*la* politique)의 구원이며, 여기에서 마키아벨리와 레닌 사이 사유에 기입된 정치의 운동성(mobilité)은 철학적으로 정치적인 것의 재구성된 본질에 종속됨이 밝혀진다.

철학적 작용은 예비적인 비판의 기능을 통해 정치적 철학소(philosophème)의 파괴로 향하는데, 이 정치적 철학소 안에서는 정치의 통로를 만들어내는 실재가 결국 사건이라는 본질 없이 형상만을 가질 따름이라는 사실이 종적을 감춘다.

*정치적인 것*은 요컨대 허구일 따름이며, *정치*는 거기에 사건이라는 구멍을 뚫는다. 대중이 역사를 만든다는 (루소에서 마오까지 이어지는) 전범적인 언표는 이 사라지는 돌발〔사건〕을 정확히 대중 가운데 지정하며, 정치철학이란 이 돌발에 관한 언제나 때늦고 분열적인 이야기 방식일 뿐이다.

정치적인 것을 통해 유익한 후퇴를 취한다는 것은 서사적이고 선형적(線形的)인 소설의 형상인 동시에 측정의 허구이며, 다시 말해 사회적 유대(紐帶)가 좋은 국가라는, 또는 이와 정확히 같은 것으로 귀착되는 좋은 혁명이라는 철학적 규범에 따른 사유를 통해 측정될 수 있다는 발상이다. 때로는 국가이고 때로는 혁명인 이 대상은 정치적 철학소로 구성된 토대를 통해 허구적으로 소환되는데, 오늘날 그것을 정치적 경험의 개념으로 주장할 수 있을지는 의심스러운 일이다.

프랑스에서 혁명적 이념은 두 세기에 걸쳐, 설령 절대적으로 부정된다 할지라도 지배력을 행사했다. 이 이념에 의해 정치적 주체가 존재했고, 대체로 매우 비열한 역사—19세기의 노동자 학살, 1914년의 신성한 단결,■ 뮌헨과 페탱,■■ 식민지 전쟁,■■■ 처참한

■ 신성한 단결(union sacrée)이란 제1차 세계대전 시기에 프랑스 좌익 세력이

몰락—를 가로지를 통로가 구성되었다. 이 통로에서는 쉽게 알아볼 수 있는 보편성이 정치적인 것의 이름으로 유통되기에, 프랑스 지식층이 노동자 운동과 협력하여 일정 이상의 개입과 시민적 역할을 담당했으며, 현실 문제에 관한 한 서구 다른 모든 지역에서 지식층의 몫이었던 무관심에 꺾이지 않았다는 생각에 이를 수 있게 된다.

그러나 혁명적 이념의 재현에는, '프랑스적 본질'■■■■을 말하는 반혁명적 이념에서와 마찬가지로 사회적 유대에 관한 상당한 분량의 환상이 있었다. 정치가 이 유대의 일관성에서 그 담보물을 확인하며, 그것을 프롤레타리아나 대중 또는 반대급부로 모든 프랑스인의 연합이라 명명한다는 점을 고려한다면 말이다. 경험의 토대로서 구상된 정치적인 것의 사유는 사회적 집단들(ensembles)로부터 시작하는 (혁명적이거나 민족적인) 재현의 계보를 제시했다.

전쟁 중 어떠한 파업도 일으키지 않겠다고 한 사회적 협약.

■■ 앙리 필리프 페탱(Henri Philippe Pétain, 1856~1951)은 1938년 9월 30일 뮌헨에서 나치 독일과 뮌헨조약을 맺었으며, 그 결과 체코슬로바키아가 독일에 병합된다.

■■■ 프랑스 현대사에서 식민지 전쟁이란 원래 프랑스의 북아프리카 식민지였던 알제리가 독립하는 과정에서 1954년부터 1962년 사이에 일어난 전쟁을 일컫는다. 보통 '알제리 전쟁'이라 지칭된다.

■■■■ France profonde. '프랑스적 본질'이라 옮긴 이 단어는 원래 파리의 주도적인 이데올로기나 여론과는 별개로 상존하는 지방 도시나 농촌의 문화 및 분위기를 지칭하는 표현이다. 직역하면 '깊은 프랑스'.

정치적인 것의 위기에서 드러나는 것은 모든 집단이 비일관적이며, 프랑스인도 프롤레타리아도 없다는 점이다. 그리고 바로 그 사실에서, 정치적인 것의 이면으로 나타나는 모든 재현의 형상이나 자연발생의 형상은 그 자체로 비일관적이며, 단순한 현시의 계기는 부재한다는 점이 드러난다.■ 여기에서 국가(cité) 내부적인 관계의 본질에 관한 테제, 즉 어쩌면 노예들의 독재일지라도 주권의 실행으로, 그리고 계급 구조 안의 내전 관계일지라도 관계로 재현될 수 있는 본질에 관한 테제는 사라진다.

이 소급작용의 이점은 일관성 있는 것에서 식별되는 무

■ 이 책이 『존재와 사건』이 저술되기 이전의 책이기는 하지만, 이미 이 시기에 바디우가 집합론적 존재론과 사건에 관한 교설을 다듬고 있었던 것으로 보이기에, 이 책의 서술에 대해 공리적 집합론의 관점에서 설명한다 해도 무리는 없다고 본다. 공리적 집합론의 관점에서 집합의 구성은 임의적이다. 다시 말해 모든 집합은 어떠한 원소라도 귀속시킬 수 있는 단순 현시의 방식으로 구성된다. '프랑스인'이나 '프롤레타리아'라는 이름을(또는 술어나 성질을) 지닌 부분(집합)의 구성은 집합론적으로 불가능하다(소박 집합론에서 말하는 의미나 성질에 따른 집합 구성의 방식은 러셀의 역설* 같은 모순이 발생한다는 문제를 안고 있다). 따라서 원래부터 있는 본질이나 '자연발생'이라 말할 수 있을 어떤 것(예컨대 프랑스적인 것, 프롤레타리아적인 것)에 따른 집합의 구성은 외견상 일관적인 것처럼 보이더라도 실제로는 비일관적이다. 그리고 이런 방식으로 정체성의 재현을 실행하는 부분집합 만들기에서 어떠한 술어나 성질도 없이 '귀속'만을 집합의 구성요건으로 하는 '현시의 계기'는 결여된다고 말할 수 있다.

* 러셀의 역설. 집합은 그 자체가 원소가 되기도 하는데, 성질이나 술어로 집합을 구성할 때 발생할 수 있는 자기귀속의 모순을 지적하는 것.—옮긴이

(inanité)가 정치적인 것의 본질 자체에 대한 결정을 위기에 빠뜨려, 다른 계보들과 다른 준거들을 인가한다는 점이다. 우리는 오늘날에 이르러서야 말라르메—파리코뮌 직후 인물인(이는 우연이 아니다)—가 우리의 위대한 정치사상가들 가운데 한 사람이라는 점을, 예컨대 루소와 동렬에 선 사람임을 알게 된다.

바로 "지배를 위해 축소하거나 확장하는 일시적인 사회적 관계와 그 효력은 하나의 허구"라고 쓰는 말라르메 말이다.

허구라는 것은 글자 그대로 사회적 관계와 그 효력의 혼합, 즉 정치적 철학소를 안정시키는 혼합이다.

오래된 마르크스주의가 길을 잃었으며, 정치의 마르크스주의적 각성이 은폐되고 전도되었다는 이야기는 실제로 정치경제와 사회적 관계들이 이러한 혼합의 성격을 규정할 수 있는 장소를 제공한다고 상상하는 것이다. 마르크스주의를 표방하는 정치경제가 그 자신이 제시한 비판을 비판할 수 없었다는 것은 주지의 사실이다. 마르크스주의 정치경제는 정치의 실재란 그저 우연하게 마주치는 것일 따름이라는 마르크스와 레닌의 지적에 대한 철학적 허구화를 표상했다. 경제 비판은 어떤 단독적인(singulier) 지점에서 그 자체를 완전히 넘어서는 무언가■를 직조해야 했으나, 여기에서 경제는

■ 단독성의 지점에서 그 자체를 넘어서는 무엇이란 사건을 지칭하는 말이다. 이 책이 나올 시점에는 아직 집합론에 따른 사건 개념이나, 사건이 일어나는 위치인 공백의 가장자리 개념이 완전하게 정립되지 않았으나, 이 부분의 서술에

마르크스주의 정치—노동자 의식을 해석하는 불확실성이자, 취약한 분열 속에서 이전에는 인지되지 않던 정치적 역량의 분출구인—를 정치적인 것에 대한 어떤 특정한 유형의 교설 아래 못박아 두는 수단이었다.

사건의 전략, 사회적인 것의 히스테리에 관한 가정, 이해-단절(interprétation-coupure)의 기관, 운명의 용기가 되어야 했던 어떤 것은 결국 경제를 통해 사회적 관계에 적합한 수단을 제공하는 것으로 제시된다. 이에 따라 마르크스주의는 그 자신을 *x*로 놓는 고정(fixion)▪의 역사에 의해, 다시 말해 그 정치적 철학소를 고정하는(mise au fixe) 그 자신의 역사에 의해 파괴되어 왔다.

*정치적인 것*이 설령 허구라 해도 그 자신의 무죄를 주장할 수는 없다. 만일 허구가 진리의 구조로 제시된다는 라캉의 주장이 참

서 대략의 얼개를 보인다. 이후에 정립될 바디우의 관점에서 사건이란 존재의 법칙(자기귀속 금지)을 위반하여 그 자체가 아닌 무엇이 되는 것이며, 사건이 일어나는 곳인 공백의 가장자리는 상황 내에서 공백과 같이 취급되는 단독항들이 대다수를 이룬 부분인 만큼 이를 '단독성의 지점'이라 말한다 해도 무방할 것이다.

▪ fixion은 원래 라캉이 fiction(허구)와의 발음상 유사성을 이용하여 만들어낸 말이다. 어떤 체계나 구조를 고정하는 토대를 만드는 것은 언제나 허구 또는 꾸며낸 이야기이며, 이는 마르크스주의 정치경제에 관해서도 예외가 아니다. 바디우는 앞 문단에서 이런 의미로 마르크스주의 정치경제의 허구화(mise en fiction)를 말한다. 이와 관련하여 생각해 볼 수 있는 것은 보통 '누빔점'이라고 번역되는 'point de capiton'이다.

이라면, 정치적인 것의 진리에 관해서도 마찬가지로 무죄를 주장할 수 없다. 정치적인 것의 진리, 정치에 포함된 이 진리는 이른바 정치적이라 일컬어지는 경제의 허구를 통해 선언된다. 이에 관한 비판이 고지되었지만, 그 전반적인 군림은 확립된다. 그러나 그 선포는 정치를 진리로 만드는 어떤 것을 희생시키며, 우리는 그것에서 결여와 초과를 되찾아야 한다.

말라르메는 이 허구의 무죄일 수 없음을 진단한 바 있다. 그는 이렇게 쓴다. "오래전부터 지상의 연합에 막대한 손상이 가해져 이 연합에 난폭한 환영(幻影)을, 상징과 다름 없는 국가와 그 통치와 법전을 보여주었다. 혹은, 우리 상태에 관해서라면, 그것들이 증발시켜 버린 낙원에 공동묘지들이 있다는 것을."■

정치적인 것의 허구는 음산한 허구이며, 한 걸음 더 나아가 이 허구는 정치의 진정한 증발을 준비한다. 그 중심에서 이 허구는 규합과 유대, 그리고 관계로 이루어진 허구이다. 그것은 공동체의 주권을 표명한다. 정치적인 것은 철학적으로 공동체적 유대의 개념으로, 그리고 권위에 있어 공동체적 재현의 개념으로 지시된다. 그 이론은 명백히 불안정하며, 따라서 공동체적 유대의 계보나 계약적 자기 정초 또는 본래적 유래를 강조하거나, 혹은 반대로 전체의 법을 보증하는 주권과 그 재현적이거나 유기적인 힘을 강조하는

■ 말라르메가 1895년에 쓴 「음악과 문자들」(La Musique et les Lettres)에서 인용.

데 따라 바뀔 수 있다. 그리고 정치적 철학소의 난관은 언제나 공동체의 사회적 유대의 본질과 그 주권적 재현 사이에 어떠한 추이성(transitivité)도 없음을 밝히는 데 있다. *정치적인 것*은 시민사회와 국가 사이에서 방황한다. 온갖 종류의 개념들이 이 틈새에 관한 은유를 만들어낸다. 하지만 그것은 그리 중요하지 않다. 공동체적 유대의 사유에 대한 정치적인 것의 할당이, 이미 허구적인 가공을 시작했던 그 할당이 확고부동하게 유지되는 이상 별로 중요하지 않다는 말이다. 그리고 자본의 공리들의 불명료함에서 오는 사회적 유대의 파괴가 정치적인 것의 후퇴를 위한 장소로 설정될 경우, 유대의 개념적 관할권은 보존될 수밖에 없다. 불안정하거나 파괴된 유대에 차이의 존중이라는 통속적인 민주주의의 개념을 덧붙이는 모든 것 또한 그 허구를 빠져나가지 못한다. 정치적인 것의 몰 개념(concept molaire)에 관한 분자적 비판은 있을 수 없을 것이다.▪ 사안들이 아무리 특수하다 해도, 관계의 사유—이를테면 분화의 사유—에 의한 그 사안들의 정치적인 결정은 정치적인 것의 실재성을 거의 연장시키지 못한다. 존중을 공동체적 담보물로 하는 차이

▪ 몰(mole)이란 분자나 원자 같은 입자의 수를 세는 단위(6,022×10^{23}개)이다. 여기에서 몰과 분자의 언급은 집단 또는 부분과 집단을 이루는 개별자의 구분으로 고려할 수 있다. 이 맥락에서 특수한 실천으로 정치적인 것을 제거할 수 없다는 바디우의 언급은 전체 또는 집단의 재현과 관련되는 정치 실천보다 여기에서 이탈하는 분자적 실천을 주장하는 들뢰즈/가타리의 논의에 대한 비판으로 보이기도 한다.

를 누가 바라겠는가? 이러한 분화한 것〔차이 나는 것〕의 자리매김에, 좋은 관계나 대화로서의 차이라는 법칙으로 〔분노를〕 가라앉히는 사유에 어떤 비열함이 있는 것은 아닌가? 몰이해보다 더 해로운 것은 인정이다.

정치적인 것에 관한 사유의 잔해 가운데 오늘날 크게 중시되는 것은 민주주의와, 민주주의를 전체주의에 맞세우는 바람직한 전투이다. 어쨌든, *개념으로서의* 민주주의란 무엇인가? 그것은 의회적 기능의 경험적 묶음 외에 무엇이란 말인가? 정치적 사유의 세계적인 위기가 서구의 (자본주의적) 체제들이 동방의 (마찬가지로 자본주의적인) 체제들보다 유연하며 합의에 적합하다는 이 진부한 사실로 귀착된다는 것을 납득할 수 있는가? 정치적 사유가 소중하다면, 그런 방식으로 이해되는 민주주의적 이념은 결코 정치적인 것의 위기의 역사성을 감당할 대책이 되지 못한다. 민주주의적 이념의 경험적 우월성은 오히려 이 위기의 넓이와 깊이를 드러내는 징후들 중 하나이다. 실제로 그러한 경험적 우월성은 다원주의적 체제들(regimes pluralistes)— 재현적 민주주의들 — 에 내재하는 실천을 주장하며, 집합들이 비일관적인 이상 빠져나가고 있는 것이 바로 이 다원적인 것(pluriel)을 보증하는 무엇이라는 점을,▪ 그리고

▪ 이 난해한 문장에서 '다원주의적 체제들'(regimes pluralistes) 또는 '이 다원적인 것'(ce pluriel)이란 경험적으로 우월하다고 판명된 민주주의 체제를 일컫는다. 문제는 이러한 경험적 우월성에 따라 민주주의 체제 내적인 실천과 사유에

현시(présentation) 자체가 없는 이상 재현(représentation)이 작용할 수 없다는 점을 은폐한다.■

민주주의는 당연히 정치적인 것의 개념이며, 이는 정치의 실재와 밀접하게 연관된다. 그러나 민주주의는 보통의 의미에서 하나의 국가 형식일 따름이다. 이런 측면에서, 그리고 개념으로서, 민주주의는 정치적인 것의 허구에 내재적이며, 그것을 정치적인 것의 정점으로 지시하는 장소에서 전체주의와 쌍을 이룰 뿐이다.

실제로 20세기 중엽에, 그 자체의 소비에트적 패러다임에서, *정치적인 것*은 의심할 여지 없이 국가의 보편적인 야망으로 드러난다. 그리고 이 사건과 동시대적인 의회민주주의가 스스로는 이 야망의 몰락이 사유의 파국을 선포하는 영역 바깥에 있다고 상상

경도될 때, 이 다원주의적 체제들 또는 다원적인 것을 보증하는(또는 조건이 되는) 무엇, 즉 그것을 보증하는 것으로서의 정치 자체와 정치의 본질(적대)을 망각하게 된다는 점이다.

■ 집합론적으로 볼 때 '현시(présentation)'란 집합으로 상정되는 상황(혹은 거칠게 말해서 우리가 아는 사회)에 대한 귀속으로, '재현(représentation)'은 이 집합에 대한 포함으로 생각할 수 있다. 재현(représnetation)에서 '다시(re-)'라는 말을 보게 되는 이유는 포함 관계가 귀속에 의해 표현될 수 있고, 이런 의미에서 재현이란 현시의 현시이기 때문이다. 재현은 일종의 부분집합의 셈을 위한 기제이며, 이는 집합(또는 상황) 속에 드러나지 않는 부분으로 상존하는 공집합(또는 공백)을 잡아내기 위한 것이다. 상태(또는 국가, état)란 바로 이러한 공백을 잡아내는 부분집합의 셈(멱집합)을 위한 장치로 볼 수 있다. 따라서 이 문장에서 말하는 그대로, 현시가 작동하지 않는다면 상태(또는 국가)와 결부된 재현도 작동하지 않는다는 서술이 가능하다.

했다면 그것은 착각이다. 확실히, 우리 눈앞에서 일어나는 비사유(non-pensée)의 밤으로의 진입과 새로운 정초적 몸짓을 완성하라는 명령의 변증법적 핵심은 민주주의/전체주의 대립쌍으로 구성되지, 전체주의 하나로만 구성되지 않는다. 민주주의와 전체주의는 유대와 재현이라는 이중의 범주 안에서 정치적인 것의 완성에 관한 두 가지 획기적인 형태이다. 정치가 탈유대(dé-liaison)의 발생이라는 재현 불가능성에 지배되는 이상, 우리의 과제는 정치와 관련된다.

첫 번째 과제는, *정치적인것*을 허구(fiction)로 고정하고 *정치*로 향하기 위해 후자를 유대의 규정에서 빼내 오는 것이다. 실천과 이론의 측면에서 공동체적 유대 또는 관계로서의 정치에 대한 탈고정(탈허구화, dé-fixion)을 실행할 필요가 있다. 당연히 공리로 정해야 할 것이 있다면, 정치의 해방된 운동성은 정치가 집결이 아닌 단절의 양식으로 실재에 닿는다는 사실에서 기인한다는 점이다. 그리고 정치는 권력을 능동적으로 해석하는 사유이지, 권력의 수임이 아니라는 점이다.

이런 점에서 정치는, 장애물로서의 실재와 관계되며 의미의 허구로부터 떨어져 나온 주체의 효과에 의해 지배된다.

우리가 또한 말할 것은 정치를 역사의 전횡에서 해방하고, 이로써 정치를 사건에 돌려주어야 한다는 점이다. 정치의 시점(point)에서, 의미로서의 역사는 실존하지 않으며 오로지 우연에 속한 선험적인 것들(*a priori*)의 주기화된 출현이 있을 뿐이라고 과감하게 주장해야 한다.

좋은 국가, 합법적인 체제, 공동체적 질서의 선과 악, 그리고 민주주의와 독재에 관한 이론은 오직 정치적인 것을 통해, 다시 말해 허구적인 철학소의 불가피한 생성 속에서만 정치를 다룰 뿐이다. 정치는 어떤 가설의 유동적인 출현이다. 정치의 과정은 합법화의 영역이 아니라 귀결의 영역에 속한다. 전제 정치와 자유의 양자택일은 과학적 과정이나 예술적 과정에 본질적이지 않은 만큼이나 정치에도 본질적인 것이 아니다. 그리고 그 귀결은 사건의 검증할 수 없는 시험에서 증거를 얻는다.

사건에 수반되는 신념이 어떤 것이든, 정치적인 것의 자리에 토대를 둘 때, 정치는 불안의 이면으로, 즉 결정 불가능한 것 속에서 분열되는 변동으로 정의되는 용기를 배제할 수 없다. 정치적 진리의 허구에서 추출된 외견상의 보증물이 무엇이든 간에, 정치적 결정은 결정 불가능한 것의 지점을 결정하는 행위로 귀착된다. 이러한 결정은 계산을 금지하기보다는 오히려 많은 계산을 요구한다.

요컨대 정치는—사회적인 것 및 그 재현에 의해 평가된다고 간주되는 정치적인 것과는 달리—사회적인 것에 연결되지 않으며 오히려 거기에서 제외된다고 할 것이다.

마르크스주의 정치에 중요한 사실들은 집단성(massivité)이나 유대의 영역에 속하지 않으며, 그것들은 구조적이지도 않다. 오히려 관건은 명명할 수 없는 증상들이며, 우연히 마주치는 양심의 형식들이며, 간헐적으로 터져 나오는 사건들이다. 이 모든 것에 관해, 능동적인 사유는 자신의 불안정한 가설로 무장한다. 사회적인 것은 유대들의 장소에 붙여지는 이름이다. 사회적인 것의 사유는 착취와 억압이라는 사회적 관계들의 사유에 기초하여 조직된다. 그러나 관계는 오로지 그 자체의 고정을 통해서만 정치와 관련된다. 정치적 운동성의 진리는 사회적 관계에 있지 않다. 정치적 운동성에 중요한 것은 탈관계를, 곧 이탈을 확인하는 일이다. 탈관계의 가시성이 관계 자체의 개념적 파악에 의지하여 유지된다 해도 말이다.

그 양상에서 별다른 압박을 받지는 않지만 여기에서 마르크스를 호명하지 않을 수 없는데, 그 이유는 마르크스 자신이 오래된 정치적인 것의 허구화의 시작을 호명하기 때문이다. 나는 이와 관련해 마키아벨리나 스피노자가 마르크스에 앞서는지 따지는 문제에 개입하지는 않을 것이다.

마르크스는 결코 나중에 가서야 자신의 확신과 보장을 제시하게 될 사회적인 것의 축조술에서 시작하지 않으며, 오히려 봉기와 노동자 정당들이라는 사회적인 것의 히스테리 증상에 관한 단절적 해석(interprétation-coupure)에서 출발한다. 프로이트가 주체의 진리에 관한 가설을 통해 히스테리증자의 말을 듣기로 했던 것처럼, 마르크스는 정치에 관한 진리의 가설을 통해 이 증상들을 이해하기로 결정했다. 이런 방식으로 정치적인 것의 허구에 대한 고정

없이 사회적인 것을 히스테리화하는 증상을 받아들이려면, 프롤레타리아의 정치적 역량—진리에 관한 급진적 가설이 되는 동시에 선행하는 모든 정치적인 것의 허구로 간주되는—은 공동체적인 것과 사회적인 것에 따른 접근법에서 제외되어야 한다. 이러한 가설은 모든 사회적인 사실을 옆으로 밀어두는, 이미 루소가 요구했던 방법을 통해서만 진리에 닿을 수 있다. 정치는 국가와 시민사회의 선함이나 탁월함에 상관없이 이 둘에 덧붙여진 초과로 이해될 수 있어야 한다. 공산주의적이라 일컬어지는 프롤레타리아의 정치적 역량은 절대적으로 유동적이고, 국가적이지 않으며, 고정될 수 없다. 그 역량은 그 자체가 초과하는 영역에서 재현되지도 유래하지도 않는다.

정치가 증상을 인지할 수 있는 영역에서 주체를 만들어내기 때문에 재현 불가능하다는 점을 명시함으로써, 마르크스는 정치적인 것의 허구를 고정시켜 이로부터 정치를 구출해 낸 사상가가 된다. 그가 검토하는 것은 어떤 규범이 아니라, 모든 상상할 수 있는 재현적 질서의 난관 가운데 실재와 교차하는 사건의 '거기 있음'(il y a)이다. 정치의 진리는 그 자체의 유대가 아니라 그러한 '거기 있음'의 지점에 있다.

그 뒤의 작업은 사회적 관계들의 유대를 붙잡아 거기에서 정치의 공간을 그 장소(lieu)의 점적인 외장소(horlieu)로 규정한다.

마르크스주의의 시작을 알리는 언표는 그런 것이다.

그런데 이 시작을 정치의 지점에서 평가할 때, 우리와 동시대적인 사건은 마르크스주의의 위기이다.

비록 스스로 인정하지는 않지만, 오늘날 마르크스주의의 죽음이라는 여건에서 사유하는 모든 이들은 그 죽음이, 즉 그들이 선언하거나 심지어 이미 망각한 마르크스주의의 죽음이 훨씬 심오하고 급진적인 현상들의 명백한 표지이며, 곧 정치적인 것 전체의 위기라는 점을 잘 알고 있다.

이 텍스트의 전개는 그 표지를 무(無)의 표지로 전환하지 않으려는 의지, 곧 이 표지를 그 자체의 급진성과 걸맞은 수준으로 고수하려는 의지의 지배를 받는다. 우리에게 비사유로 빠져드는 지점을 보여줄, 현행적인 전략들의 관리에만 안주하게 되는 지점을 보여줄 장소를 상실하지 않도록 말이다.

관건이 되는 것은 바로, 미(未)분화된 것(l'indifférencié)의 자동성에 맞서, 사유할 수 있는 것의 영역에서 철학이 정치의 유지에 기여할 가능성과 정치에 간직된 존재 형상의 구원일 따름이다.

그 전개는 단순한 포기의 기록에 반대하여, 마르크스주의의 파괴에 관한 나의 고유한 노선을 제시하고, 이에 따라 소멸을 면함으로써 정치적 재구성의 공리로 진입하는 순서에 따른다.

1984년 8월

차례

일러두기

- 본문의 각주 가운데 ●로 표시한 것은 원주(原註)이고, ■로 표시한 것은 옮긴이 주이다.

1

파괴

오늘날 우리는 마르크스주의의 위기와 관련하여 *완결적인* (complète) 상태에 이르렀다고 말해야 한다. 이는 여기에서 단순한 경험적 속성이 아니다. 이 위기는 본질적으로 그 최종적인 결과까지 펼쳐진 위기로서의 위기, 이를테면 마르크스주의에서 완료의 형상으로 진입한 위기이다. 그리고 이 위기는 역사 이전의 시대와 결합하는 완료를 약속하는 유형들 아래 있지 않으며, 오히려 고유하게 역사적인 양상의 완료에, 말하자면 마르크스주의를 이데올로기적인 동시에 실천적인 소여로, 순전히 낡아빠진 것으로 만들었던 무언가에 진입한다.

1. 역사적 좌표계에 관해

위기의 완결적인 특성을 사유하기 위해서는 마르크스주의의 단독적인 힘을 구성했던 어떤 것을 재검토해야 하는데, 이는 마르크스주의의 역사적 준거대상들에서 드러나는—오늘날에는 폐제(廢際)된—명증성이다. 어떤 의미에서 마르크스주의를 혁명적 활동의 보편 사유로 확인해 온 것은, 축에 따른 방식으로 볼 때, 마르크스주의를 담보물로 삼았던 역사(Histoire)라는 거대 서사에 관한 조사 능력, 분석력, 숙달된 지식(maîtrise)이 아니다. 이는 또한 정치적 참여에 대해서, 마르크스주의가 인가하거나 규정하는 어떤 것도 아니었다. 그렇다, 19세기에 출현한 모든 혁명적 교설 가운데 마르크스주의의 단독성을 나타내는 것은, 역사적으로 증명된 그대로, 역사 위에 여러 노선을 그릴 수 있는 권리였다. 마르크스주의는, 그리고 유일하게 마르크스주의만이, 설사 역사적으로 확인되지는 않았다 해도, 적어도 역사적으로 유효한 혁명적 정치의 교설로 제시되었다(역사적 확인과 역사적 유효성은 조금은 다른 사안이다). 최소 반세기 동안 마르크스주의에 관한 역사적 신뢰가 있었다. 이러한 신뢰는 실제로 마르크스주의 정치가 그 토대의 변동성에 맞춰 유지되게 하며, 순전히 사변적이며 언제나 낡아빠진 장치로 고안되는 정치적인 것에 비추어 예외가 되게 하는 담보물이었다.

마르크스주의는 이러한 역사의 신뢰를 중요한 세 가지 준거대상과 연결한다. 이에 관한 탐지는 단순하지만 그 내부의 분절(articulation)은 난해하며, 이는 폴 생드뱅스(Paul Sandevince)의 작업에서 밝혀진다.•

① 단지 계획되는 데 그치지 않고 실행으로 이어진 혁명적 전환에 대해 상징으로 기능하는 일련의 국가들(États)의 실존. 이 국가들은 현실 사회주의를 표방했고, 공산주의로의 이행 단계를 실현했으며, 프롤레타리아 독재를 구현했다.

그 본질적인 준거는 우리가 명명하고자 시도하는 것으로, 곧 국가적 준거이다. 마르크스주의는 국가의 교설로 구현될 운명을 걸머진 유일한 혁명적 교설이었다. 국가의 교설을 통해 점과 유대의 융합으로 이루어진 유효한 유사물이 나타나게 되었다. 바로 비지배의 지배라는 이념 말이다. 주체적인 관점에서 중요하게 검토해야 할 것은 내가 승리의 준거라고 일컬을 어떤 것이다.

역사에서 처음으로 마르크스주의는 억압당한 자들, 노동자들, 농민들이 무기를 들고 스스로를 조직하여 실제로 적대세력을 무찌르고, 낡은 억압의 관리가 집중된 군사적 국가기구를 파괴하여 해체할 수 있게 한 어떤 것으로 체험되었다.

이러한 승리의 이념은 마르크스주의를 향한 노동자, 대중, 지식인의 집결에서 결정적인 역할을 했다. 10월 혁명은 역사(Histoire) 속에서 힘의 원리에 대한 전복을 과시하는 이미지였다. 레닌주의는 무엇보다 승리의 마르크스주의이다.

• 예를 들면 『페로케』(*Perroquet*) 지 41호에 실린 폴 생드뱅스의 「준거대상들의 끝」(La fin des référents), 「재현 비판」(Critique des représentations), 「조건부 정치」(La politique sous condition) 같은 논문들에서.

사회주의 국가들은 이 시점부터 역사 위에 긴 선을 그어, 적어도 1917년부터 1956년에 이르는 소비에트연방■의 여정을 그려낸다. 그다음으로 1960년부터 1976년까지, 벌초한 자리에 다시 풀이 자라나듯 중국의 노선이 이어진다. 거의 60년에 이르는 기간 동안 이 국가들은 승리의 주체성을 구현했다. 그 의도에서 넘쳐나는 환상과 유사물을 고려하더라도, 이러한 승리의 주체성 구현은 현실 국가의 생산보다는 훨씬 유효한 것이었다.

첫 번째 준거대상은 승리라는 주제를 가운데 두고 정치적 주체를 조직하는 역사적 구획(scansion) 외에 다른 것이 아니다.

② 민족해방전쟁이 두 번째 준거대상을 이룬다. 관건은 근대적인 당의 지도 아래서의 새로운 전쟁 형태의 발명, 곧 농촌에 뿌리를 두고 농민 계층을 조직하여 장기적이며 단계적인 방식으로 동원하는 비대칭적 투쟁의 발명이다. 이와 관련한 전형적인 사례는 중국과 베트남이다. 물론 여기에서도 승리가 관건이다. 레닌의 "봉기는 기술이다"라는 말에 마오쩌둥은 "인민(peuple)의 투쟁은 꺾을 수 없다"라는 말로 대답한다. 그러나 더욱 중요한 관건은 민족적(national) 원칙과 대중적(polulaire) 원칙의 융합이다. 민족해방전쟁이 의도하는 바는 제국주의에 대항할 민족을 벼려내고, 반(半)봉

■ 정식 명칭은 소비에트 사회주의 공화국 연방.

건적인 구속에서 인민을 해방하는 것이다. 마르크스주의의 헤게모니 아래, 대중 조직과 전략 본부 역할을 담당하는 당(Partie)이라는 담보물을 통해 인민과 민족의 유효한 통합이 이루어진다. 승리라는 주제는 다시 발견되는데, 내전에서 그런 것처럼 이제 외국과의 전쟁에도 적용된다. 이러한 주제는 계급독재를 만들어낸 것과 마찬가지로 민족을 조직한다. 중국의 준거에서 유기적으로 연결되는 이러한 예들은 대체로 1960대에 청년층 가운데 마르크스주의를 향한 집결의 두 번째 물결을 일으켰는데, 이는 10월 17일▪의 섬광이 불러일으킨 동요를 잠정적으로 이어받았으나 이후 일시적인 것이었음이 드러났다.

③ 마지막 준거대상은 결국 노동자 운동 자체인데, 여기에 포함되는 것은 이번에는 서구의 대도시들, 특히 서유럽의 대도시들에서 조직된 노동자 운동이다. 이 운동은 마르크스주의적 준거의 일반적인 요소를 통해 그 자체의 정치적 항구성을 표명했다. 계급조합과 마르크스주의 정당들은 차츰 안정적인 정치적 삶의 내적

▪ 10월 17일은 제1차 세계대전 기간 중에 독일에 대한 패전으로 혼란스러웠던 상황을 기화로 레닌과 볼셰비키 당이 1917년 10월 혁명을 일으킨 날이다. 그런데 이 날짜는 율리우스력에 따른 날짜이며, 우리가 현재 사용하고 있는 그레고리우스력으로는 10월 3일이다(러시아는 1918년에야 그레고리우스력으로 전환한다).

소여가 되었으며, 여기에는 의회주의에 따라 결정되는 영역의 소여도 포함되었다. 사회적인 관점에서 그것은 '노동계급의 정당들'이라는 제도적 지속성과 상대적 일탈의 특이한 혼합을 뜻하는 것이었으며, 전적인 기다림과 또한 중간적 관리의 입장을, 곧 막연하게 멀리 있는 혁명의 이념과 가까이 있는 저항적 활동의 혼합적 형상을 취하는 것이었다.

이 세 가지 준거대상, 곧 노동자 운동과 민족해방투쟁과 사회주의 국가들은 마르크스주의를 현실의 역사에 따라 정리하여 단순한 여론—설령 혁명적인 여론이라 해도—의 흐름에서 제외했다. 역사가 마르크스주의의 신뢰성이라는 의미를 통해 작동했다는 신념은 이 세 가지 준거대상을 가로지르고 있었다. 봉기, 국가, 전쟁, 민족, 대중의 조합적 행동이라는, 요컨대—외양에 있어—노동자의 정치적 역량을 요약하는 이 모든 항목은 마르크스주의 내에서 유기적인 연결을 추구했으며, 마르크스주의 정당을 최상의 주체적 행위자로 만들어냈다.

우리는 이 준거들의 배치에서 나타나는 단계적인 붕괴를 '마르크스주의의 위기'라 일컬을 수 있다. 마르크스주의는 오늘날 역사의 노선들을 계속 그어나갈 수 없는 불가능성 가운데 있다. 마르크스주의에 대한 신뢰는 소진되었으며, 여기에서 교설들이 가지는 것과 같은 크기로 축소된다.

30년 동안, 우리는 국가적 준거대상의 폐기('현실적으로 실존하는 사회주의'에 대한 비판)와 민족적 해방이라는 준거대상의 폐기(다음으로, 베트남처럼 군사적인 확장 능력을 갖춘 해방된 민족들에 대한 비판) 과정이 시작되는 것을 보았다.

폴란드가—적어도 1980년의 그단스크[■] 이래—위기를 *완성*하게 되었다면, 이는 거의 100년에 가까운 마르크스주의와 노동자 운동 사이의 결합이 폴란드를 통해 급진적인 방식으로 위기에 진입했기 때문이다. 이에 따라 마지막 세 번째 준거대상이 단순한 형식 속으로 사라졌다.

국가적 준거대상은 특히 소비에트연방의 결산 이후 가장 먼저 의심의 시대로 들어간다.

여기서 철학적으로 주의하도록 하자. 소련이 직면한 신뢰 상실은 매우 심각하며, 그 실패의 진부함은 매우 확정적이어서, 사유는 그 역사적인 모험에서 실제로 관건이 되었던 어떤 것의 궤적에 이르기까지 사라져버렸을 수도 있다. 그 증거는 가공할 은폐의 능력이다.

통상적인 비난의 방향(angle d'attaque)은 공포와 억압에, 따라서 집단적으로 증언된 사실에 특권을 부여하여, 소련을 모든 합리적인 정치의 외부로 던져버린다.

■ 레흐 바웬사가 이끈 폴란드 자유노조 운동의 근거가 된 도시.

그런데 이것을 비이성적인 것으로 확인하는 이성의 질서란 무엇인가? 어떤 이해할 수 있는 정치적 건전성이 소비에트적 병리학을 진단한다는 말인가?

주체적인 측면에서 파악되는 것은 예술이라는 예언적 수단을 통해 러시아적 공포가 마침내 서구적 양심의 빛에 이른다는 사실이다. 빅토르 세르주,■ 다비드 루세,■■ 그리고 여러 다른 작가들이 사실을 단순하게 진술한 것만으로는 충분하지 않았다. 오직 솔제니친의 천재성만이 맹목적 확신의 체제를 뒤흔들었다. 바로 예술이 정치적 양심의 윤곽을 예견한다는 점에서 말이다.

여기에 나처럼 문학을 통해 정치에 대해 굳게 닫혀 있던 실재를 명명할 수 있다는 점을 인정하는 자를 위한 장소가 있는데, 이는 한편으로 문학적 논쟁을 여는 장소이다.

실제로 **공포**(공포정치, Terreur)에 대한 고발은 정치를 토대 짓는 급진적인 정치비판이 아니며, 그렇게 될 수도 없다는 점을 단호하게 인정해야 한다.

■ Victor Serge(1890~1947). 벨기에에서 태어난 혁명적 마르크스주의자. 볼셰비키 투쟁에 참여했으며, 스탈린 체제에 반대했다.

■■ David Rousset(1912~97). 프랑스의 작가로 나치 집단 수용소 생존자. 굴라크(Gulag)라는 말을 프랑스에 최초로 소개, 러시아의 집단 수용소를 고발했다.

2. 솔제니친과 샬라모프

그러니까 『수용소 군도』는 서구에 양심과 의무를 상기시킨다. 이 작품이 마르크스주의 지식인들의 일탈을 끝장낸 것이다. 회개한 혁명가들은 끔찍한 공포라는 현실에 직면하여 법(Loi)과 권리(Droit)의 길을 발견한다.

나는 우선 솔제니친이 정치적 신념의 알파와 오메가인 의회민주주의로 대거 방향을 돌렸던 프랑스 지식인들의 회귀에 비해 어떤 의미에서 더 낫다는 점(역사적으로 같은 편에 있긴 하지만)에 경의를 표할 수 있으리라 여긴다. 솔제니친이 인권에 관심을 두지 않으며, 의회에 아랑곳하지 않는다는 점은 분명하다. 솔제니친의 주제의 핵심에는 영적인(spirituelle) 러시아가 있으며, 거기에서 러시아의 수난은 인류 전체를 위한 구원에 상당한다. 솔제니친의 관심을 끌어 비의적이고 장엄한 긴장으로 차 있는 그의 문장에 생기를 불어넣는 것은 러시아 인민(peuple)의 기독교적 소명이다. 스탈린은 러시아만이 세계를 향해 유물론적 이데올로기를 악(Mal)으로 명명할 수 있도록 하는 데 필요한 십자가였던 것이다. 그러면서도 솔제니친은 무력한 민주주의를 결단코 거부한다. 그는 이에 관해 붉은 폭군의 불경한 전체성에 맞서 주님(Maître)의 영혼과 진리의 전체성을 초청하는데, 이를테면 초월적인 존재가 20세기의 고난을 통한 감화(édification)를 위해 러시아를 선택했다는 것이다.

그렇지만 그 역설이 아무리 강력해 보일 수 있다 해도, 우리가 관심을 두는 유일한 사안—정치의 새로운 개념에 대한 입장—과 관련해 즉시 인정해야 할 것은 솔제니친이 러시아의 정치적 사유에서 스탈린과 동일한 차원에 속하며, 어떤 의미에서 스탈린을 해체하기보다는 오히려 그의 이면이 된다는 점이다.

솔제니친의 정치적 궤도는 분명히 스탈린을 향한 증오로 그려진다. 그러나 이 증오의 위치, 즉 이 증오의 독창적인 가능성과 역량의 존재에 근거를 제공하는 그 위치는 요지부동으로 남는다. 솔제니친과 스탈린 모두 러시아 민족주의(nationalisme)에 기반하여 사유하며, 이는 어쨌든 인민주의적(populiste) 승화에 요구되는 방식인데, 이러한 러시아 민족주의에서 고난의 폭풍 중심에 자리한 대심문관(Grand Inquisiteur)의 형상은 성공과 평화 가운데 느긋하게 자리 잡은 서구보다 우월한 방식으로 구원의 성흔(聖痕)을 새긴다.

솔제니친에게 수용소는 예언의 논거이다. 관건은 매일 악의 기록을 남기며, 그 결과 영적인 요구가 오로지 절대적 범죄에 상응하는 심연의 바닥에서 (헤겔의 '지양'〔Aufhebung〕의 의미에 따라) 올려지게(relevée) 하는 것이다.

작가로서 솔제니친은 러시아적 전통의 자원을 펼쳐내는데, 이 전통은 얼어붙은 벌판에 흩어져 살아가는 이 위대한 민족에게 방황과 죽음의 어둠에서 추출된 현실주의(réalisme)와 농민 대중을 주인공으로 하는 천년왕국의 열광 사이에 지속된 특이한 평형으로부터 오랜 세월에 걸쳐 만들어진 것이다.

그러므로 솔제니친이 수용소의 세계를 세심하게 분류했던 것은 오로지 근본적으로—그의 논리에 따라—거기에 있던 것에 경계를 정하기 위한 목적이었다. 그는 서구에서 스탈린 현상의 인식이 변질되어, 일반적인 현상의 하나(공산주의의 진리로 인식되는 수용소)로 오해되는 동시에 사소한 현상(전자와 반대로, 우리가 가진 한 줌의 지식을 소심하게 지키는 것 외에 아무것도 아닌)으로 한정되게 했다. 실제로 서구의 지식인들은 민족과 기독교에 입각한 솔제니친의 강력한 문제제기를 거의 고민하지 않았다. 그들의 관심은 다른 곳에 있었다. 문제는 혁명이 더 이상 정치를 철학적으로 사유하는 횡단적인 개념이 아니라는 점이었다. 그로부터 그들은 해방의 완성을 상상했지만, 한편으로 어떤 증상의 운반자가, 이를테면 정치의 보편적 위기와 사유의 모든 노력에 대한 뺄셈이라는 증상을 옮기는 이름 없는 운반자가 되었을 뿐이었다.

이 이탈의 징후적인 성격은 그 충동적인 폭력에서 읽을 수 있다. 주체와 정치의 전적인 연결이 관건인 이상, 혁명이 불가능하다는 점—라캉주의자에게는 실재로 승격되었던 어떤 것—으로는 충분치 않았다. 정치는 범죄가 되어야 했다. 그리고 20세기에 확인된 진정한 정치 범죄는 나치즘이므로, 기독교, 민족, 그리고 반민주주의라는 특성을 띤 솔제니친의 거대한 기획은 '스탈린은 히틀러이다'라고 주장하는 선전에서 즉시 인지할 수 있는 이데올로기적

등식으로 환원되었다. 이 선전에 비길 만한 것은 오직 의회와 자유로운 사업뿐이다.

요컨대, 서구가 그의 이전 생산물이 아닌 다른 무엇까지 차용하기에는, 솔제니친은 지나치게 러시아적이었다. '스탈린은 전체주의적'이라는 그의 평가에 실린 하찮은 영향력만을 보고 그러기에는 말이다.

그러나 '전체주의'라는 범주는 민주주의와 결합하지 않을 경우 그 자체로 작동하는 개념이 아니며, 내가 말한 것처럼, 정치적인 것의 세계적인 위기가 요구하는 것들과 같은 편에 있다. 그 범주는 그 고유한 절대적 요청(impératif)에 대한 사유로 향하지 않는다. 또한 솔제니친의 문학적 돌출부에서는 러시아 수용소들, 수백만의 죽음, 일반화한 공포, 거기에서 일어난 일, 그리고 이와 관련해 우리가 해야 할 일에 관한 정치적 이해가 우리에게 굳게 닫혀 있다.

예술이 정치적 사유의 가능성을 지배할 때는 작가에 관해 착각하지 말아야 한다. 솔제니친이 아무리 위대하다 해도, 그의 위대함은 스탈린이 붉은 재앙을 완성했던 검은 위대함에 비친 거울상이다.

이와 관련해 우리를 이끌어야 할 사람은 바를람 샬라모프(Varlam Chalamov)•인데, 콜리마(Kolyma)▪에 관한 그의 최초의 텍

• Varlam Chalamov, *Kolyma*, Éd. Maspero, 3 vol.

스트들은 1969년부터 프랑스에서 출판된다.(날짜와 관련된 사안이 중요하다)•

샬라모프는 20년 동안 북동 시베리아 지역 수용소에 있었다. 그는 풀려나지만 이후 병들고 의식을 잃은 상태로 러시아에서 죽는다.•• 그는 수용소를 악에 관한 변론에 사용하지 않는다. 그는 러시아의 다른 전통, 이를테면 인간의 육체를 좀 더 가까이 붙잡고 이를 전달 가능한 몇 가지 요소로 해명하는 전통에 속한다. 시베리아의 혹독한 시련 아래 놓일 때, 말이 인간보다 훨씬 빨리 죽는다는 점을 지적하면서 샬라모프는 "그 본질을 이해했다"라고 선언한다.

▪ 콜리마는 동시베리아에서 발원해 북해로 흐르는 강과 인근 유역 지대를 가리킨다.

• 샬라모프의 소설들은 실제로 1969년 드노엘(Denoël) 출판사에서 『58조』(*Article 58*)라는 제목으로 출간되었다.
덧붙여 정치의 본질에 대한 도박을 뉘우치는 솔제니친/샬라모프의 대립이 직접적이거나 주체적인 대립이 아니라는 점에 유의하도록 하자. 솔제니친은 전적으로 샬라모프의 위대함과 우월성을 인정한다. "샬라모프의 『콜리마 이야기』(*Récits de la Kolyma*)는 독자가 수용소 군도의 냉혹한 분위기를, 그리고 또한 인간 좌절의 극한을 더욱 확실하게 느낄 수 있게 한다"(*l'Archipel du Goulag*, t. II, Éd. du Seuil, 1974).

▪▪ 오해의 여지를 없애기 위해 덧붙이자면, 샬라모프는 1937년부터 1951년까지 이어진 콜리마 수용소 생활을 끝내고, 1954년부터 1973년까지 20년간 『콜리마 이야기』의 저술에 매달린다. 몇 년 뒤 건강이 나빠진 그는 시설이 매우 낙후된 요양병원 병상에서 3년에 걸친 투병생활 끝에 1982년 세상을 떠난다. "20년 동안 북동 시베리아 지역 수용소에 있었다"라는 바디우의 언급은 아마도 샬라모프가 20년 동안 작품의 저술에 매진했다는 의미인 듯하다.

"인간이 인간인 까닭은 그가 신의 피조물이기 때문이 아니다. …… 인간이 인간인 까닭은 모든 동물들 가운데 육체적인 저항력이 가장 강하기 때문이며, 두 번째로 신이 그의 영혼을 강제하여 신체의 행복에 소용이 되도록 했기 때문이다."

『콜리마』는 일련의 단편소설 모음집인데, 그 원형을 언급해야 할 경우 체호프의 작품을 떠올릴 수 있을 것이다. 그러나 이는 우수에 젖지 않은 왕성한 체호프이며, 감히 말하자면 혁명 이후의 체호프이다.■ 허구와 기억의 경계에 머무르는 이 단편들은 프랑스에서 정교한 순서로 편집된다. 이는 결코 건축적인 방식을 부과하지 않지만, 오히려 "우리는 어떻게 순백의 설원을 가로지르는 길을 따라갈 수 있는가"라는 질문으로 시작하여 "그것은 파스테르나크■■의 문학이었다"라는 답변으로 완성되는 설계도를 따른다. 우리는 곧 책의 면이 고난의 설원이며, 거기에—파스테르나크에게서 유래한—"열정적이고, 가벼우며, 또한 순수하고 이해하기 쉬운 글쓰

■ 『세 자매』, 『갈매기』, 『바냐 아저씨』, 『벚꽃동산』 등의 희곡으로 잘 알려진 안톤 체호프(Auton Chekhov, 1860~1904)는 혁명이 일어나기 전에 사망했다. 오랫동안 그의 작품들은 말기에 이른 귀족사회의 쇠락과 작가 자신의 염세적인 정신상태를 반영한다고 해석됐지만, 나중에는 그가 죽은 뒤 얼마 지나지 않아 일어난 혁명과 새 시대에 대한 희망을 반영한다는 해석이 등장한다.

■■ 보리스 파스테르나크(Boris Pasternak, 1914~60)는 러시아의 시인이자 소설가로, 『닥터 지바고』를 썼다. 해당 문장에 등장하는 질문과 대답은 이 작품의 이미지와 연관하여 해석할 수 있다.

기"가 있다고 상상한다.

이 설계도를 통해 일종의 단편화한 즐거움으로 구성되는 수용소의 세계는—분명히—무시무시하다. 죽음, 구타, 기아, 무관심, 탈진 등은 실존의 영구적인 지표이다. 그럼에도 샬라모프의 주제는 악을 전부로 만드는 것이 아니다. 관건은 오히려 세계를 만드는 것(faire-monde), 따라서 예외를 정상적인 것의 비유로 만드는 것, 그리고 이 악몽을 문학으로 돌파함으로써 우리에게 의지의 보편성을 일깨우는 것이다.

솔제니친이 악마의 기록을 보존하는 데 반해 샬라모프는 가능성의 경계에서 단단한 윤리적 핵심을 발견한다. 그는 콜리마의 지리적 제거에 이르지 않으며(그곳은 배를 타고 다다를 수 있으며, 그 지역의 나머지 부분은 수감자들에 의해 '대륙'이라 불린다), 이로써 뒤집힌 유토피아에 직면해 있다는 기이한 인상에 기여하지 않는다. 실제로 독자는 정치, 국가, 집중된 범죄가 관건이라는 점을 점차 망각하고, 양심과 행동거지의 복잡다단하며 심오한 모든 차이들이 본질적인 것으로 귀착되는 하나의 완전한 세계 안에 포함된다. 이 지점에서 독자는 정치적 진리 자체와는 또 다른 하나의 가능한 인식의 길에 합류한다.

예를 들어 스탈린은 죄수들에게 평범한 인물일 뿐이다. "스탈린의 죽음은 경험의 인간인 우리에게 큰 인상을 주지 못했다." 이를테면 책임은 스탈린이라는 개인이 아니라 '체계'에 있다는 말인가? 샬라모프에게는 결코 그렇지 않다. '경험의 인간'이 아는 바에 따를 때, 수용소의 현실(어떤 의미에서 공장과 같은)에 비추어 보면, 진리의 순환에 소용이 되는 것은 거대한 구조의 억압에서 구해 달라는 기원이 아니라 양심과 실천의 몇몇 지점들을 고수하는, 시간의 밀도를 해명하고 주체의 변질을 저지하는 그러한 집요함이다. 샬라모프는 계급적인 관점에서 수감자들의 '행동 규약'이라고 명명할 만한 것을 제안한다. 요컨대, "나는 결단코 나와 같은 처지의 죄수가 무슨 짓을 하건 고발하지 않을 것이다. 나는 또한 살아남을 가능성을 보장하는 조장 역할을 좇아 다니지도 않을 것인데, 수용소 안에서 자기 의지나 타인의 의지를 다른 사람, 곧 나와 같은 처지의 수감자에게 강요하는 것보다 더 나쁜 일은 없기 때문이다. 나는 '유용한' 관계를 맺기 위해 뇌물을 바치지 않을 것이다. 그리고 이바노프가 양아치라거나, 페트로프가 첩자라거나, 자슬라브스키가 거짓 증인임을 안다는 사실이 내게 무슨 소용이 있겠는가?"

게다가 이런 관점에서 관료 체계—이 체계의 조사관들, 난폭한 간수들, 주임 간수들—는 악이 아니라기보다는 차라리 수감자들과 동질적이다. 관료 체계가 어떤 경험을, 말하자면 일종의 괴물과 같은 사회적 생산물을 조직한다는 점에서 말이다. 샬라모프에게 끔찍스러운 것은 공산주의자들이 아니라 바로 깡패 같은 패거리이다.

"주임 간수는 무례하고 잔인하며, 교육관은 거짓말쟁이이며,

의사는 불성실하다. 그러나 이 사람들 모두 패거리 세계에서 나타나는 타락의 힘에 견주면 아무것도 아니다. 이 사람들은 결국 인간이고, 이들이 원하든 원치 않든 인간적인 무언가가 배어 나올 때가 있다. 그러나 깡패들로서의 그들은 인간이 아니다."

이 책에서 깡패들이라는 주제는 핵심적이다. 이 주제에는 증오와 공포가 농축되어 있다. 샬라모프가 보기에 스탈린의 범죄는 수용소 자체라기보다 수용소에 권력과 방종을 주었다는 것인데, 깡패들 앞에는 집단적인 의식도 확고한 원칙도 없기 때문이다. 여기에 결정적인 문제가 있다. 샬라모프의 관점에서 수용소에 권력과 방종을 허용하는 것은 정치가 아니라 그 부재이다. 정치의 국가적 부재가 아니라 정치의 주체적 부재 말이다. 지식인들에 대한 비판은 정치적 유약함으로 인해 깡패들의 '도덕'을 받아들인다는 점을 향한다.

"한마디로 지식인들은 …… 깡패들과 함께하는 한 명의 깡패, 범죄자들과 함께하는 한 명의 범죄자가 되기를 원한다. 그는 도둑질하고, 마셔대며, 심지어 법의 형벌을 받고도 만족스러워한다. 정치범이라는 불명예스럽고 가증스러운 봉인이 마침내 벗겨지기 때문이다. 더구나 그는 정치범 따위와는 아무런 관련도 없다. 수용소에는 정치범이 없었다."

샬라모프는 여기서 스탈린 시대 수용소의 암울한 평등주의를 다룬다. 충격적인 것은, 나치 수용소에서와 달리 타자(Autre)가 아니다(유대인, 공산주의자, 러시아인 또는 폴란드인). 오히려 동일자(le meme)인 것이다. 수용소가 깡패를 적대자로 놓는 윤리의 경험이라면, 이는 그 자체로 변증법적 의미작용을 결여하기 때문이다. 그러므로 수용소는 국가에 관해 어떠한 정치적 사유도 산출하지 않으며, 오로지 단독적이고 내재적인 결정의 길을 낳을 뿐이다.

"스탈린의 치명적인 허위는 모든 사람을 구별하지 않고 쓸어버렸다. …… 모두가 무차별적인 자들 가운데 무작위로 차출되어 비겁자, 부르주아, 심지어 형리가 된다. 그들은 뜻하지 않은 희생자들이 되는 것이다."

여기에 소환된 우연(무작위)은 수용소를 변호하는 교설로 향하는 접근로를 전적으로 차단하지만, 한편으로는 비합리성에 굴하고 있다. 수용소는 무엇보다 실재의 효과로 간주되며, 이에 따라 윤리적인 가설에 입각하여 진리라는 문학적 주제를 구축한다. 그리고 이 실재의 관할권에 있는 것은 바로 희생자들의 완전한 몰정치성(apolitisme)이다.

"교수, 당직자(黨職者), 군인, 공학 기술자, 농민과 노동자들은 아무런 확실한 증거도 없이 이 시대의 감옥을 가득 채웠다. …… 그들을 하나로 묶는 최소한의 이념의 부재는 죄수들의 윤리적 확고함을 심각하게 약화시켰다. 그들은 권력의 적이나 국가의 범죄자들이 아니었으며, 또한 그들은 이미 죽었기 때문에 어째서 죽어야 하는지 알지 못했다."

또한 "그들은 자신이 정치범이라는 사실을 잊으려 애썼다. 더구나 그들은 정치범이 아니었고, 마찬가지로 그 시대를 점철한 '58조'•의 다른 저촉 대상도 아니었다.

완전히 무고한 수천의 인명을 학살하는 일이 자행될 수 있었던 이유는 다름 아니라 그들이 무죄였기 때문인 것이다."

『콜리마』 전체는 이와 같이, 희생자들의 이름 자체로, 정치적 무죄 안에 자리 잡지 말라고 호소한다. 순전한 반동이 아니라 다른 이유에서, 발명해야 할 것은 바로 이러한 무죄-아님(non-innocence)이다. 공포를 끝장내기 위해 요구되는 것은 정치의 부재가 치른 대가마저 아우르는 정치의 진전이다.

이는 또한 이 책에서 현상들의 주기화를 토대 짓는 것이다. 전체주의의 불변하는 도착적(倒錯的) 체계란 없다. 수용소는 구획지어진(scandée) 역사이다. 그 중심에 1937~1938년이라는 끔찍한 기간이 있다. 확실히 거기, 그 단독적인 시기 가운데로 잔혹한 폭풍이 휘몰아친다. 샬라모프는 고문과 취조가, 또한 엄청난 규모의 수감자 총살형이 1937년 말에 있었다고 분명하게 말한다. 1937년 이전과 이후, 그리고 1937년 자체가 있다. 마치 책의 구성이 거기에서 발작적인 시간의 과정을 거쳐가기라도 하는 듯이.

• 소비에트 형법 58조는 '트로츠키주의자'와 그 밖의 정치범들을 인민의 정적(政敵)으로 규정했다. 상황은 최악으로 치달았다.

이에 더해, 모든 단편에 넘쳐나는 윤리적 지성과는 반대로 '먼 북쪽의 땅'(Grand Nord■)이 일종의 시(詩)처럼 제시되는데, 그곳에서 추위, 눈, 숲, 급류 등은 '병약자들'의 단순한 생존을 방해하는 장애가 되지만, 또한 하나의 마술적이며 아련히 먼 실체이자 절박한 친밀함으로 그려진다. 샬라모프는 바로 여기에 한 인간과 한 나무의 우정을 노래하는 산문 「난쟁이 잣나무」 같은 모든 단편을 헌정한다. 이러한 헌정이 더욱 강렬한 이유는, 수용소 안의 다른 모든 것과 마찬가지로, 이 폐쇄된 자연이 본래 그가 이 자연을 묘사한다거나 석방되어 글을 쓰고 있다는 사실과 아무런 관련도 없기 때문이다.

"흔들리는 차가운 난간에 꽁꽁 언 손을 대고, 겨울로 접어든 마을의 휘발유와 석탄 타는 냄새를 맡으면서, 나는 바삐 걷는 보행자들을 바라보았다. 그리고 내가 어느 정도까지 도시인인지 깨달았다. 나는 인간에게 가장 소중하고 근본적인 것이 무엇인지 알게 되었는데, 그것은 바로 고향(patrie)이 생기는 시기이다. 설사 가족과 사랑하는 사람이 아직 없다 해도 말이다. 그 시기는 바로 아동기와 유년기이다. 그래서 내 가슴은 미어졌다. 나는 온 마음으로 이르쿠츠크에 경의를 표했다. 이르쿠츠크는 나의 볼로그다이자 나의

■ Grand Nord는 '북극', '북극권'이라는 말인데, 샬라모프의 글에서는 대개 타이가(침엽수림)와 툰드라(얼어붙은 동토) 사이에 위치한 지역을 뜻한다.

모스크바였다."■

샬라모프의 단편들은 스탈린과 수용소에 관한 정치적 결산이 아니라는 점이 이해될 것이다.

사실 그 결산은 우리 앞에 놓여 있는데, 이는 그 결산이 해방의 정치, 곧 철학과 공속(共屬)될(co-appartenir) 수 있는 유일한 정치가 오늘날 정치를 엄습하는 치명적인 위기 너머에 있는 그 돌발이라는 요인 속에 자리 잡는다는 점을 조건으로 삼기 때문이다. 어쨌든 샬라모프는 우리에게 무한히 소중한 유산을 남긴다. 그러한 결산의 의지가 뿌리내린 산문을 말이다. 샬라모프가 최종적인 판결을 내린다 해도, 그는 재판관이 아니다. 그 결산은 예시적(例示的)이며 전달 가능한 형식의 양심이다.

소비에트의 공포(공포정치)를 직시해야 하며, 또한 "우리는 이렇지 않다"고 말하면서 얼굴을 돌리는 것은 불가능하다. 실제로, 단절의 사유와 실천이 관건인 이상, 이 공포는 그 나름으로 우리의 역사이기 때문이다. 샬라모프는 때로 그 공포를 잊는 편이 낫다는 주장에 쉽사리 다가가도록 우리를 내버려두지 않는다. 우리는 어느 누구보다, 결코 되풀이되지 않을 어떤 것에, 샬라모프가 명료한 우애적 산문으로 써내는 끔찍함(horreur)과 주체적 진리가 공유하

■ 이르쿠츠크는 러시아 동남쪽, 바이칼 호 서쪽에 있는 도시이다. 볼로그다는 러시아 서쪽, 볼로그다 강 연안에 있는 항구도시이자 샬라모프가 태어난 곳이다.

는 동일한 토대들에서 뿌리 뽑힌 어떤 것에 연결된다.

여기에서 작가는 행동을 위한 안내자이다. 그 행동이 정치라는 이름에 적합한 정치를, 다시 말해 주체의 진정한 긴장과 동질적인 정치를 재구성하길 원하는 이상 말이다.

그리고 어떤 안내자가—샬라모프가 「첫 번째 이(齒)」라는 단편에서 이야기하는 그대로—자기 앞에서 한 죄수가 두들겨 맞는 순간에, "지금 모든 것을, 내 모든 삶을 걸게 될 것"임을 알면서도 대열에서 빠져나와 떨리는 목소리로 "이 사람을 때리지 마시오"라고 선언하고 나서, 그날 밤에 끌려 나가 마구 얻어맞으면서 첫 번째 이를 잃게 되는 그런 사람을 대신할 수 있겠는가.

그러나 그는 또한 「마르셀 프루스트」(Marcel Proust)라는 단편에서 책의 소중함과 유통 그리고 유실을 이야기한다. 그는 제4권■으로 이야기를 시작하는데, 이 책은 왠지 모를 이유로 그가 아는 간호사에게 전달되고, 그는 "게르망트 일가 때문에 전락"하게 된다. 그도 "콜리마의 인간, 유형 수감자"가 된 것이다.

■ 여기에서 제4권이란 프루스트의 『잃어버린 시간을 찾아서』 제4권 '소돔과 고모라'를 뜻하는 것으로 보인다.

3. 승리의 끝

이 유형 수감자를 읽어내기 위해서 우리는 정치를 본질화하려는 의도를 단념하는 일 없이, 정치의 국가적 준거가 완전히 무너졌다는 확신을 강화한다. 그러나 이 실재의 고아원과 함께, 국가를 표지로 삼는 승리의 개념 안에 분리와 불명확함이 도입된다. 이긴다는 것은 무엇인가? 19세기 내내 이 문제는 노동자의 정치의식에 난해한 것으로 남아 있었다. 레닌주의—'승리하는 프롤레타리아 혁명 시대'의 마르크스주의라 회자되는—는 이 사안에 관한 해명을 제시했다. 이긴다는 것, 그것은 구체적인 여러 민족적 조건을 통해 10월 17일(1917년 10월 혁명)과 소비에트연방이 열어젖힌 길에 진입하는 것이었다. 승리는 그 자신의 고향(patrie), '사회주의의 고향'을 얻게 된 것이다.

그러나 바로 여기에서 승리가 추방당한다. 소비에트연방, 중국 또는 어떤 국가든, 심지어 승리에 준거하길 원하는 자들의 공통적인 의식에서도 승리의 표지가 되기를 그치는 동시에 그 반전 곧 암울한 징후가 되고, 승리는 방황과 의혹에 의해 타격을 받는다. 마르크스주의의 개념들, 그중에서도 프롤레타리아 독재라는 개념은 10월 혁명에서 유래된 승리하는 주체성에 가장 깊이 연루되며, 이에 따라 첫 번째 상처를 입는다. 이러한 위기의 도입은 정치적 실재론(réalisme)으로 구상된 마르크스주의와 혁명적 사유의 다른 흐름들 사이의 구분을 모호하게 한다. 프롤레타리아 독재는 어떤 의미에서 승리와 관련한 정치적 과정의 개념적 농축물이자, 프롤레타리아의 정치적 역량이라는 일반적 주제(부르주아 독재와 대칭을 이루는 프롤레타리아 독재)와 혁명 이후 국가의 특정한 형태(사회주의 국가에서 계급의 본질을 이루는 프롤레타리아 독재)를 교차시키는 하나의 결정이다. 승리의 역사성이라는 소비에트연방의 문제는 이러한 교차의 개념적 확실성을 뒤흔든다.

두 번째 준거대상(민족해방)은 베트남의 국가적 변전(變轉)에 의해 파기되는데, 이는 인도차이나 인민들의 투쟁을 지지하는 데 참여하는 것이 서구의 젊은이들에게 정치적 급진주의의 주요한 원천이기 때문이다. 오늘날 베트남은 특히 소비에트적 장치에 의지하는 확장주의적 군사 대국으로 드러나며, 여기에서 강력한 민족적 역동성은 인민의 역동성과 유기적으로 연결되지 않는다. 오늘날 명백하게 드러난 베트남 민족주의와 인민의 참여 사이의 분열은, 과거의 시퀀스에서, 이 둘의 가정된 융합을 선전하느라 힘쓰던 행위의 정당성에 의문을 제기한다. 이른바 '인민의' 전쟁은 아무런 의심도 없이 승리를 통해 민족적 문제를 지탱해 왔다. 그러나 이 전쟁은 인민의 해방과 변증법적 통합을 이루며 실행되는가? 오늘날 우리는 그러한 인민의 통합이라 간주되는 어떤 것이 그저 민족 전쟁의 특수한 기술이자 이 전쟁이 우리 시대에 부여하는 동시대의 일반 형식일 뿐이며, 이에 따라 인민 해방의 정치적 보편성이 필연적으로 이 형식에 내재하지 않는 것은 아닌지 자문할 수 있다. 그러니까 인도차이나 인민들의 전쟁 노력—민족들의 필연적인 해방이라는 틀 안에 있는—에 대한 꾸준한 지지가 정당성을 유지하려면, 그 틀을 넘어서야 한다고 주장했던 모든 것의 정당성을 한정하고, 그 전쟁에서 정치적 새로움의 깊은 원천과 마르크스주의의 재생을 위한 피난처를 읽어내는 작업이 필요하다. 오히려, 베트남 전쟁은—이후에 보이게 될 것처럼—시대의 조건들에 맞춰진 발명들과 관련해, 민족주의가 여전히 할 수 있는 것이 무엇인지를 입증했다. 이 전쟁은 민족 전쟁의 (부르주아적) 시기가 지나가지 않았을 뿐 아니라, 아직도 군사·정치적 혁신의 잠재성을 내포하고 있음을 증명한다. 거기에 분석적 마르크스주의를 위한 유용한 교훈은 있지만, 군사적 마르크스주의를 위한 위안은 없다. 연장된 전쟁의 전술과 원칙들은 오늘날 정치적 수단들의 보편적인 무기고의 일부를 이룬다. 그러한 수단들의 계급적 특성은 망가졌으며, 마르크스주의적 발명이 관건일 경우, 그 수단들의 지속적인 사용은 이제 더 이상 마르크스주의의 혁명적 특수성에 관한 준거로서 유효하지 않다.

4. 폴란드 노동자 운동의 보편적 의미

국가와 전쟁에 의문이 제기된다면, 그렇다면 우리는 특히 노동의 형상이라는 맥락에서 사회적 운동이라는 유일한 동기로 철수할 수 있는가? 20세기의 국가적 모험으로부터 해방된 마르크스주의와 내가 사회적인 것의 히스테리라 명명한 어떤 것의 자연발생 사이의 연관은 생명력을 유지할 수 있는가? 관건은 하나뿐인 준거의 정치적 생명력, 이를테면 그 자체 외부에서 증명되지 않으며 국가나 민족 안에서—심지어 인민 안에서도— 재현될 수 없는 유일한 준거의 정치적 생명력일 것이다.

그러나, 어떤 '생명력'이 관건인가? 모든 소비에트적인—또는 중국적인—국가의 경험을 민족해방의 경험으로 간주해 제거한다면, 스스로의 힘에 입각한 노동자계급은 독립적인 정치적 역량을 어디에서, 그리고 어떻게 증명하는가? 유럽에 한정해서 보자면, 1919년 독일에서 일어난 스파르타쿠스단 봉기■ 이후 본질적으로 무엇을 내세울 것인가? 그리고 설사 내세울 것이 있다 해도, 순전히 마르크스주의자들의 지도 아래 피로 물든 체스판 위로 오르는 대중만을 역사적 경험으로 기록하는 데 반대하는 것은 무엇인가? 다른 선택지로서 이에 맞세워지는 것은 오로지 의회의 완만한 타락일 뿐이며, 이와 관련해 프랑스 공산당(PCF, Parti Communiste

■ 1919년 1월 베를린에서 일어난 노동 총파업 및 이와 관련된 무장봉기를 일컫는 명칭. 로자 룩셈부르크와 카를 리프크네히트 등이 지도하던 독일 사민당 탈당세력인 스파르타쿠스단과 독일 공산당은 대중적 저항이 일어난 뒤에 개입했다고 한다.

Français)은 우리에게 수치스러운 광경을 제공한다. 오히려 하나의 준거대상인 노동자 운동—사회적으로 결정된 운동으로 인식되는—은 노예들 이후 농노들로 이어지는, 언제나 압제당하는 자들이 당했던 운명의 반복으로 작용하는 듯 보인다. 즉 말없는 굴종과 피에 젖은 봉기를 번갈아 실행하는 것으로 말이다. 이 둘 사이에는 오로지 임금 조정을 위한 파업이 있을 뿐이다. 노동자의 정치적 역량이 자본과 제국들의 법 아래에서 봉기라는 보편적인 원칙을 넘어서지 못한다는 가정은 마르크스주의적 가설의 궁극적인 토대를 무너뜨리는 것으로 여겨진다.

이 지점에서 적어도 1980~1984년에 폴란드의 노동자 운동▪은, 구체적인 역사의 우여곡절이나 전술적 실패와 상관없이 지속되는 어떤 새로움을 도입한다. 사실상 이 운동은 그 최초 단계에 유발되었던 의미의 즉각적인 원동력을 소진했다고 할 수 있다. 오늘날 이 운동은 패배했거나, 또는 정체 상태에 들어갔다. 어쨌든 정치의 자율성은 그 계보의 자율성을 함축한다. 그러나 그 운동 자체가 '이기는' 것이 목적이 아니라고 단언하는 마당에, 폴란드 운동의 '실패'가 의미하는 바는 무엇인가? 이 모든 것은 여전히 검토해야

▪ 폴란드의 항구도시 그단스크에서 노동자 운동은 조선소 노동자들의 직능노조인 솔리다르노시치(Solidarność)를 중심으로 진행된다. 나중에 폴란드 대통령에 당선되기도 한 노조 지도자 레흐 바웬사를 중심으로 단결한 노조는 공산당 노선에 대한 반대, 가톨릭교회의 교육 등을 특징으로 전개되었다.

할 문제로 남는다. 사건으로서의 폴란드가 언론이 다루는 시사 현안에서 사라졌다고 해도, 여전히 폴란드가 전달한 새로움이 무의미하다고 할 수는 없다.

이 새로움이 더욱 중대하다고 말할 수 있는 이유는, 그 많은 특징들로 미루어볼 때 폴란드의 운동이 20세기가 시작된 이래 유럽에서 볼 수 있는 가장 고전적인 노동자 운동—가장 고전적인 '마르크스주의' 운동—이었기 때문이다. 폴란드에서 공장 노동자계급은 실패했지만, 폴란드인들이 '조합'(société)이라 부르는 조직의 정치적 기둥이라고 보편적으로 인정받았으며, 여전히 그렇게 인정받고 있다. 노동자계급은 전체 사회운동에서 머릿수를 채우기 위한 단순한 구성 요소가 아니었다. 오히려 노동자계급은 그 자체로부터, 사회 집단(corps social) 전체 속에서 새로운 정치적 사유가 전개되는 중심을 구축해 낸다. 지식인, 농민, 도시 청년층이 인정하는 바에 따를 때, 그들은 공장의 민주주의적 조직에 대한 정치적 보장 아래 있었다. 정치적 토론은 그 실천적 본질에 따라 노동자의 토론으로 회부된다.

그런데 분명히 확인해야 할 것은 거의 화학적으로 순수한 이러한 노동자의 정치적 사유가 마르크스-레닌주의에 반대하는 태도를 취한다는 점이다. 노동자 운동은 그 자체로 대중의 사건들을 통해 정치적으로 구성되며, 그 고유한 사유를 마르크스-레닌주의와의 근본적인 상이성 속에서 조직했다.

그러므로 바로 여기에 하나의 운동이 있는데, 한편으로 이 운동은 오랜 세월 동안 처음으로 부르주아의 정치 역량에 대해 이질적인 프롤레타리아 특유의 정치 역량의 실존을 말한 마르크스주의의 기원적 가설을 검증한다고 여겨지며, 다른 한편으로 오로지 그 가설 자체의 명목상의 전도를 통해 그리고 그 세례명이 되는 어떤 것에 대한, 곧 마르크스주의에 대한 적대라는 요소를 통해 그 검증을 실현할 따름이다.

이에 따라 동시대의 가장 중요한 노동자 운동은 마르크스-레닌주의에 대한 완전한 외재성(extériorité)에서 그 자체의 정치적 사유의 자기전개를 발견했을 따름이며, 따라서 내가 보기에 그것이 무엇이건 민족적 제약조건의 일부(교회 등)는 우리 눈앞에서 마르크스주의를 노동이라는 사회적 준거에 잇는 연결고리가 보편적으로 해체되는 결과로 이어진다.

그러므로 오늘날 사회주의 국가나 민족해방투쟁이나 노동자 운동은 마르크스주의의 구체적인 보편성을 보장하는 역사적 준거 대상이 될 수 없다.

5. 동시대적 반(反)마르크스주의의 반동적 의미

마르크스주의는 역사적으로 해체되었다고 말해도 과언이 아니다. 그 구현의 살아 있는 실체가 사라진다면, 마르크스주의를 개념적으로 유지하는 것은 그 담론의 질서와 공통적인 운명으로 되돌려질 뿐이다.

그 붕괴에 비추어볼 때 당연히 두 가지 길, 즉 두 가지 사유의 방향이 있다.

첫 번째 길은 마르크스주의가 역사의 심판을 받아 단죄되었다고 말하는 것으로 귀착된다. 역사의 실증적인 담보물을 요구한 이상, 마르크스주의는 그 담보물의 고유한 기준에 따라 심판받아야 한다. 마르크스주의의 역사적 붕괴가 의미하는 바는, 정치적 사유의 보편적인 사건으로서, 그 자체의 죽음 외에 다른 어떤 것도 아니다. '현실에 실존하는' 사회주의는 마르크스주의의 역사성 자체와 관련해 역사에 의해 선고된 판결이다. 즉 마르크스주의는 끝났다는 판결이다. 외관상 존속하는 것은 오로지 언어의 시체일 뿐이며, 죽음의 기만으로 연명하는 담론일 따름이다.

오늘날 아주 널리 퍼져 있는 이러한 생각은 널리 퍼져 있다는 이유로 자명하다고 여겨진다. 이에 대해 제기할 수 있는 주요 반론은 이런 것이다. 오늘날 살아 있는 사유의 관점에서 마르크스주의가 죽었다고 말하는 것은 단지 확인된 사실일 뿐이다. 거기에는 어떠한 심오한 이념도 발견도 없다. 이는 흔해빠진 생각이며, 이것이 어떤 명증성의 기만에 불과하지는 않은지 의심해 볼 필요가 있다.

오히려 놀라운 점은, 지금 당장은 이런 생각에 순수하게 반동적인 의미 말고는 다른 풍부함이 없다는 것이다. 오늘날 마르크스주의가 죽었다는 생각의 주된 사용처는 무엇인가? 넓은 견지에서 얻는 귀결은 어떤 것인가? 아주 단순하게, 강압적인 관리와는 다른 정치—따라서 사유에 걸맞은 정치—에 관한 전반적인 이념이 그 자체로 죽었다는 것이다. 또한 사유를 존재로 셈할 수 있는—그리고 그저 필연성으로만 셈해지지 않는—그러한 정치는 해로운 모험이라는 것이다. 죽음으로 정리되는 것은 사실상 해롭지 않겠는가? 새로운 세대의 반(反)마르크스주의자들은 무엇보다 자유, 서구적인 사유, 인권처럼 어쨌든 우리가 누리고 있는 것을 보존해야 한다는 생각을 당연하게 받아들인다. 달리 말하면, 이런 사실들로 미루어보건대 오늘날 반마르크스주의의 정치적 본질은 서구 국가들의 의회주의적 형식을 향한 지식인들의 집결—그리고 최초의 대규모 집결—과 모든 급진주의에 대한, 정치의 모든 본질에 대한 부인이었다.

마르크스주의의 역사적 붕괴에 관한 이러한 성찰은 개선될 수 있는, 그러나 본질적으로 선한 국가 형식으로 제시되는 의회민주주의의 미덕에 관한 반동적인 사유로 귀착된다. 이러한 정치 비판은 순전히 정치적인 것에 관한 자유주의 이론의 단순한 복귀에 지나지 않는다. 권리(droit)는 철학이 그 토대를 보장해야 하는 어떤 것으로 복원된다. 이는 정치적 철학소에 관한 고전 시대의 복원을 고백하는 비판의 첫 번째 예시이다.

따라서 오늘날의 반마르크스주의는 서구의 보수적인 경향 속에 자리 잡고 있다. 반마르크스주의는 반동적인 개념 형성을 핵심으로 삼는데, 여기에서 그 역사적 동력은 보수적인 민주주의와 관련한 영성(spiritualité)의 정수로 이어진다. 여기서 문제는 사유의 진정한 파탄이며, 이와 관련한 정세에서 마르크스주의의 파탄이 귀결된다. 이 파탄은 정치적인 것에 관한 철학적 질문에서 모든 급진성을 제거해 버렸다. 여기에서 후퇴는 오히려 파산일 따름이다.

오늘날의 반마르크스주의가 마르크스주의의 실패와 기만이라 지칭하는 어떤 것은 마르크스주의의 파괴라는 결과들에 관한 철저한 사유에 이르지 못한다.

이 역설을 펼쳐내 보자. 우리가 스스로 '마르크스주의자'라고 말한다면—그리고 오늘날 이 말의 의미가 무엇이건 간에—우리는 사태가 분명 반마르크스주의가 상상하는 것보다 더 심각하다고 말하는 것이다. 반마르크스주의적 비판(굴라크, 자유의 종말, 서구의 방어 등등)이 그저 아주 오래된 반대의 반복인 이상, 만일 그러한 반복만이 있을 뿐이라면, 우리는 그 반복되는 비판에 오래된 논박으로 대응할 것이기 때문이다.

마르크스주의의 위기에는 반마르크스주의가 상상하는 것보다 더 많은 사안이 있다.

대칭적으로, 마르크스주의에 대한 교조적인 옹호는 오래전부터 지속된 반대에 대응하는 오래된 논박의 반복으로 귀착되며, 그러한 반대는 다시 오늘날의 반마르크스주의에 의해 반복된다.

새로운 반마르크스주의와 수세에 몰린 오래된 마르크스주의는 같은 현상의 두 측면인데, 이는 마르크스주의의 후퇴에 따른 정치적인 것의 유지라는 현상이며, 마르크스주의 자체의 위기에 대한 요청 앞에서 사유를 포기하는 지경에 이르기까지 한다.

그 대신 폴란드의 운동에서 발견하는 '마르크스주의적' 노동의 대상성은 주체적 반마르크스주의를 통해 펼쳐진다는 점에서 새로움의 역설적인 발생을 확인할 수 있다. 관건이 되는 것은 노동자 역량의 새로운 정치적 구성이며, 따라서 새롭지만 또한 조용한 방식으로 진행되는 마르크스주의 자체의 구성이기 때문이다.

그러나 이러한 새로움을 사유하려면 다음과 같은 언표를, 반동적이지 않은 단 하나의 언표를 붙잡아야 한다(마르크스주의의 역사적 붕괴를 말하는 모든 반마르크스주의적 사유는 반동적인 것으로 밝혀지기 때문에). 정치의 새로운 형상을 구획짓게 될, 또한 해방적 가설을 지속하는 '마르크스주의'로 불리게 될 어떤 것과 동시대를 산다는 것은 마르크스주의의 붕괴에 관한 완전한 사유 외에 아무것도 아니다.

6. 파괴적 주체화와 위치 이탈

오늘날 마르크스주의는 죽은 것이 아니다. 역사적으로 붕괴되었을 따름이다. 그러나 이러한 붕괴의 존재가 있다. 좀 더 정확하게 말해서, 파괴의 내재성 가운데 머무를 수 있으며, 그런 일이 요구된다.

마르크스주의의 현실적 실존은 그 전개의 각 단계에 내재하는 정치적 소여이다. 마르크스주의는 교설(doctrine)이 아니다. 그것은 정치적 실천으로 구성된 그물망을 위한 일자(Un)의 이름이다. 마르크스주의의 위기를 어떤 담론(마르크스주의적 교설)을 판단하고 실격시킬 현실의 위기('현실적으로 실존하는 사회주의')로 보는 시각은 그 표적을 놓칠 수밖에 없다. 다음으로 마르크스주의는 정치적 주체를 지탱하는 무엇이 되는 한에서야 실제로 '현실적으로 실존하는 것'이 된다. 그 결과 마르크스주의의 파괴에 관한 사유는 정치적 주체의 역사적 계기로 결정된다. 현실과 이데올로기의 병치는 마르크스주의를 결핍에 빠뜨리며, 그것을 힘으로도 무력함으로도 사유할 수 없게 한다.

따라서 근본적인 문제는 마르크스주의의 붕괴에 대한 검토를 시작할 지점에 관한 것이다. 우리는 바로 이 붕괴 과정에 참여하는가, 아니면 참여하지 않는가? 내가 주장하는 바는 마르크스주의의 위기에 관한 근본적인 사유가 이 위기에 대한 내재성을 유지하는 정치적으로 주체적인 입장을 취하도록 요구한다는 것이다.

이로부터 개념을 제시하기 위해서는 마르크스주의의 붕괴를 위한 주체가 있어야 한다. 모든 중심 이탈은 정치의 이 근본적인 위기에 대한 감상적이며 피상적인, 반복적이며 반동적인 사유를 생산한다.

나는 마르크스주의 비판을 위해 마르크스주의를 '신봉할' 필요는 없다고 분명하게 말한다. 내 경우를 말하자면, 나는 마르크스주의를 전혀 신봉하지 않는다. 나는 어떠한 믿음이나 충성도 가정하지 않는다. 마르크스주의는 어떤 측면에서도 거대 서사(Grand Récit)가 아니다. 마르크스주의는 정치적 주체의 일관성, 즉 이질적인 정치 역량의 일관성이다. 그것이 가설의 운명이다. 이러한 일관성이 있는 자리인 극도의 위험은 이 위험의 주체적인 경험 속에서 시험된다. 비실존의 경계에서 이 역량의 시험은 우리가 주체적인 경험을 통해 비실존하도록 요구한다. 경험에서 드러나는 것처럼, 그 외재성은 이 위기의 외재적인 개념에, 분리된 정치적 실재의 전제(présupposition)를 통한 이데올로기의 소송에 이르기 때문이다. 정치의 위기는 정치적인 것의 후퇴로 귀착된다. 그러나 바로 이때 마르크스주의는 그 자체로 실재의 틈입을 감당해야 할 위기에 놓인다. 그 붕괴에 관한 역사적 소송을 심리하는 실재의 압력은 바로 붕괴된 마르크스주의로부터 경험된다.

정치의 위기에 대한 검토에는 위상학적(topologique) 문제가 있다. 마르크스주의의 붕괴 중에 있음(l'être-en-destruction)을 지탱하기 위해 어떤 인접 영역을 수용할 것인가? 사유는 어떤 내재적 용기를 확보하는가? 우리는 그러한 인접 영역과 용기에 다음과 같은 언표를 지정한다. 즉 마르크스주의의 붕괴에 관한 급진적인 사유는 그 본질에서 정치로 드러나는 마르크스주의의 현실적 형상 외에 그 무엇도 아니다. 바로 거기에 동시대적 정치 주체의 유효한 통로(passe)가 있다.

마르크스주의 위기의 주체가 되는 것은 그 위기의 대상인 마르크스주의 이념과 대립한다. 그 위기의 대상이 된다는 것은 무슨 의미인가? 그 의미는 붕괴에 맞서 마르크스주의를 지키는 것, 그 교설적 본체를 지키는 것이다. 또한 그 의미는 죽음과 관련한 모든 준거를 그 담론의 작위적인 생명 속에 유지하는 것이며, 또한 그 신용이 고갈되었음에도 역사에 관해 계속 어음을 발행하는 것이다. 오늘날 마르크스주의를 옹호하는 이른바 마르크스-레닌주의적인 방식이 한 가지 있는데, 이는 마르크스주의의 죽음의 형상일 뿐이다. 이러한 마르크스주의는 힘 있는 국가 또는 정치적인 '노동자 계급'이 실존한다는 가정에 의지하며, 더 이상 사유의 용기를 지니지 않는다. 그것은 국가적 존속으로, 정치적인 면에서는 엄청나게 크지만 철학적인 면에서는 무익한 거대 정당들과 거대 조합들의 부속장치이다.

오늘날 어떠한 마르크스주의자도 마르크스주의의 파괴에 인접한 주제를 다루지 않는 이상 사유 속에 실존할 수 없다. 국가나 당 또는 학계 지식인들에 의한 마르크스주의의 건전성에 관한 선언은 죽음을 초래하는 치료법이다.

이 생각을 더 밀어붙여 보자. 실로, 오로지 정치만이 진정으로 마르크스주의를, 특히 마르크스-레닌주의 형태의 마르크스주의를 파괴할 수 있다. 파괴의 동기를 찾고, 죽어야 할 어떤 것의 죽음과 태어나야 할 어떤 것의 탄생을 이행하는 것은 새로운 유형의 마르크스주의 정치의 과업이다. 그 죽음과 탄생이 그 자체로 내재적인 현상이기 때문이다.

오늘날 마르크스주의자란 어떤 사람인가? 마르크스주의자는 마르크스주의의 파괴 속에서 주체적인 위치를 차지하고, 죽어야 할 어떤 것을 내재적인 방식으로 선언하며, 이에 따라 그 자신을 죽이고, 그 죽음을 정치의 재구성을 위한 동기로 전유하는 자이다. 그 모든 실천적 과정에서 마르크스주의의 파괴에 대한 유효한 정치적 사유가 생산될 수 있다.

마르크스주의를 고수하는 것은 이미 파괴되어 거주할 수 없는 장소를 점유하는 일이다. 나는 거주할 수 없는 장소에 거주하는 마르크스주의의 주체성이 있다고 가정한다. 파괴된 마르크스주의에 비추어볼 때, 그러한 주체성은 내부/외부의 위치에 있다. 정치의 위상학은 거주 불가능성의 장소에 대한 사유를 지속하며, 비틀림(torsion)■의 영역에 속한다. 즉 마르크스-레닌주의적 유산의 내재성이 아니며, 또한 반마르크스주의의 반동적 외재성도 아니라는 말이다. 이러한 비틀림의 관계는 예전 마르크스주의의 모든 승리주의와 '정당한 노선'에 오류가 있을 수 없다는 엄격함에 대립한다. 정치적 사유는 오늘날 그 자체의 역사에 대한 사선적(斜線的)인 관계에 의지할 수밖에 없다.▪▪

이를 달리 언급할 수 있는데, 말하자면 오늘날 정치의 준거대상들은 마르크스주의적이지 않다. 마르크스주의의 근본적인 위치 이탈(délocalisation)이 있다는 것이다. 이전에는 일종의 자기준거가 있었는데, 그 이유는 마르크스주의가 그것을 표방하는 국가, 마르크스주의 정당들의 지도 아래 수행되는 민족해방투쟁, 그리고 마르크스주의 성향의 조합주의자들에 의해 틀 잡힌 노동자 운동에서

▪ 『주체의 이론』 참조. 『주체의 이론』에서 '비틀림'은 중요한 개념 가운데 하나이다. 바디우는 제3장 '결여와 파괴'에서 라캉의 도식, 갈루아가 정립한 대수학, 소포클레스의 비극과 아이스킬로스의 비극을 다루면서 이 개념을 설명한다. 이에 따르면 '비틀림'은 순환과 반복을 중단하고 처음의 백지 상태로 되돌릴 수 있는 용기, 곧 빗금 친 주체로 상정된다.

▪▪ '사선적인'으로 옮긴 biaisé는 '간접적인', '우회적인'의 의미도 지닌다. 본문에서 "역사에 대한 사선적인 관계"라는 말은 역사에 빗금을 치거나 역사로 우회한다는 의미이다. 앞에서 바디우는 마르크스주의 정치의 준거대상들인 승리, 민족, 노동을 마르크스주의 역사에서 추출하여, 이 준거대상들이 붕괴되었다는 논의를 전개한 바 있다(역사에 대한 빗금). 그러나 이를 위해 그리고 앞으로 전개될 논의에서, 마르크스주의의 역사와 그 기원으로 돌아가야 한다(역사로 우회). 그런 의미에서 이 '사선적인'이라는 말은 변증법적 논증 및 귀류법적 추론 방식과 연결지어 이해할 수 있다.

전반적인 신용을 얻었기 때문이다. 그러나 이러한 좌표계는 수명을 다했다. 대중의 위대한 역사적 맥동은— 적어도— 중국 문화혁명의 종언 이래 더는 마르크스주의에 준거하지 않는다. 폴란드나 이란을 보라. 이런 사실에서 보자면 정치의 추방(expatriation)이 있는 것이다. 마르크스주의의 역사적 영토성은 더 이상 정치로 전이되지 않는다. 자기준거의 시대는 마감되었다. 정치는 이제 역사적 고향(patrie)이 없다.

현실의 노동자와 인민의 삶으로부터 부여된 모든 정치적 준거들은 오늘날 마르크스주의와의 관계에서 볼 때 비정형적이고 탈지역적이며 방황하는 상태에 있다. 어떠한 정통 마르크스주의자라도 폴란드의 운동이 민족적이며 종교적이라는 점에, 이란의 운동이 종교적이며 광신적이라는 점에, 그 밑바탕에서 마르크스주의와 아무 관련도 없다는 점에 반대하지 않을 것이다. 그리고 이러한 정통 마르크스주의는 마르크스주의가 파괴되는 과정 속에서 그저 공허한 대상이 될 뿐이다.

모든 현실 정치의 본질에 관한 역사적 준거대상은 정통성(orthodoxie)을 통해서는 사유할 수 없다. 정통성은 우파의 의견이지만 마르크스주의는 비틀림이며, 사유에서 우파 성향(droiture)을 견지할 방책을 더 이상 가지고 있지 않다.

정통성이 사유 불가능한 것으로 재현하는 어떤 것에 관한 사유가 생산될 이탈된(délocalisé) 장소를 고수할 필요가 있다.

실로 그 장소는 우리에게 다만 도래할 마르크스주의 이단(hétérodoxie)의 거주 불가능한 장소로 남아 있을 뿐이다.

7. (재)시작의 형상

마르크스주의를 변호할 수 없다면, 이는 마르크스주의를 시작할 필요가 있기 때문이다.

마르크스주의는 일찍이 1840년과 1850년 사이에 시작되었다. 그러고는 이 시작에 의해 열린 역사에서 마르크스주의는 예컨대 10월 17일의 승리와 레닌주의의 이론-정치적 형식과 같은 단계들을 경험해 왔다. 오늘날 관건은 하나의 단계보다 더한 어떤 것이다. 단계를 말하는 것은 최초의 시작이 언제까지고 유효함을 뜻한다. 우리가 도입하는 급진적인 가설은 이 시작이 이제 그 유효성을 상실했으며, 마르크스주의 실존의 전체 주기가 그 추방을 통해 끝난다는 것이다.

마르크스가 마르크스주의를 정초했을 때, 그의 근본적인 준거는 노동자 운동이었다. 사회주의 국가나 민족해방의 준거는 없었다. 그것은 당연히 자기준거가 아니었다. 노동자 운동은 1820~1830년을 기점으로 하는 그 역사적인 출현에서, 물론 '마르크스주의적'이지 않았다. 『공산주의자 선언』을, 이 절대적인 최초의 텍스트를 다시 읽는다면, 우리는 분명히 마르크스가 완전히 독립적인 노동자 운동의 실존이라는 가정 속에 자신의 사유를 정립했다는 점을 알게 될 것이다. 출발점은 "노동자의 혁명적 운동이 있다"라는 문구이다. 이를테면 주체가 증상 가운데 자신이 풀려나는 장애로 지정하는 어떤 것이 있다는 말이다. 이는 순수한 '거기 있음'(il y a)이며, 어떤 하나의 실재이다. 그리고 바로 이러한 '거기 있음'의 견지에서 마르크스는 이러저러한 테제를 개진한다. 그런 것이 "공산주의자들은 여타 노동자 정당들과 구별되는 정당이 아니다"라는 수수께끼 같은 표현의 의미이다. 공산주의자들, 곧 마르크스가 창설한 정치적 명칭을 지닌 그들은 이 명칭을 중심에 두고 집결한 것이 아니다. 그들은 통일성이라는 교설을 지닌 분파가 아니다. 공산주의자들은 모든 노동자 운동 집단, 다시 말해 마르크스가 '노동자 정당들'이라 일컬은 어떤 것의 실존적 차원이다. '공산주의자 정당'은 노동자 정당들의 일반적인 속성이다. 마르크스는 이 속성을 분리하여 사유하기 위해 노력하며, 이를 통해 모든 노동자 운동의 실재는 정치적 실재로서 주어진다.

결국 마르크스의 테제는 단지 "노동자 운동이 있다"라는 것만이 아니다. 마르크스의 테제는 또한 "공산주의자들이 있다"라는, 다시 말해 노동자 운동에 이러한 특수하고 환원 불가능한 차원이 있다는 것이기도 하며, 이로부터 그는 기준을 부여하고 정치적 일관성을 정립하고자 시도한다. 바로 거기에 해석적 작용이, 곧 프롤레타리아 정치의 진리에 관한 정식을 표명하는 작용이 자리하며, 이에 관한 개념적 명칭은 공산주의자 정당이라는 이름이다.

이런 것이 바로 그 시작의 형상이다. 관건은 실존하는 현상의 부분을 분리하여 구조짓는 것이 아니다. 관건은 '거기 있음', 실재의 단절에서 실행되는 사유의 행위이다. 관건은 정치적 사유가 모종의 형식으로 노동자 운동의 실재에 근접하며, 이 근접이 노동자 운동의 속성과 증상으로, 그리고 특히 공산주의적 속성으로 주어진다는 점이다. 마르크스가 하나의 유령, 즉 공산주의라는 유령이 유럽을 배회하고 있다고 선언할 때, 공산주의가 유령이 되어 그의 교설을 통해 위협적인 모습으로 출현하게 하려는 것은 아니었다. 마르크스의 의도는 이 배회를 진리의 요소로 사유하는 것이다.

다음으로 노동자 운동의 마르크스주의화에 관한 긴 역사가 이어진다. '마르크스주의와 현실 노동자 운동의 융합'이라는 교설이 말이다. 독일 사회민주주의 정당, 10월 17일, 제3인터내셔널, 이 모든 것은 우리가 처음에 이야기한 준거대상들의 체계를 구축했다. 그 장구한 역사에서 마르크스주의는 이러한 마르크스주의화를 반영하는 사유가 될 터였다. 즉 자기준거를 정초하게 될 터였다. 그러므로 마르크스주의는 그 자체가 계급투쟁의 현실로 침투해 들어가는 양상을, 즉 마르크스주의 정당과 마르크스주의 지도노선과 마르크스주의 국가를 이야기한다. '있다'(il y a)는 '마르크스주의가 있다'(il y a de marxisme)가 된다. 이 시퀀스 전체에 걸쳐 마르크스주의는 그 자체에 관해, 그것의 역사적 신뢰성에 관해, 정복의 행진에 관해 말할 능력을 갖추게 된다. 그 작업은 또한 필연적으로 허구화의 작업이기도 하다. 마르크스주의는 그 자체에 대한 고유한 재현이 된 것이다.

준거대상들의 위기는 오늘날 마르크스주의가 더 이상 경험 속에서 사유될 수 없음을 뜻한다. 마르크스주의는 현실적인 역사를 구조화하는 힘으로 발견되지 않는다. 모든 경험은 마르크스주의와 관련하여 자리에서 이탈하는 한편, 역사의 마르크스주의화에 앞선 역사 속에서 불연속성을 제시한다. 마르크스주의의 목적은 마르크스주의화일 수 없다. 또한 바로 거기에 마르크스주의화한 형식의 정치 철학소로부터 정치를 구원할 기회가 있다.

그러므로 우리는 시작의 형상으로 되돌려진다. 즉 우리는 더 이상 '마르크스주의가 있다'라는 정식에서 논의에 착수하지 않을 텐데, 그 '있다'(il y a)라는 표현이 파괴되었기 때문이다. 우리는 어떤 단절의 '거기 있음'(il y a)에서 논의에 착수하며, 마르크스가 『공산주의자 선언』에서 그랬던 것처럼, 그러한 '거기 있음'의 목표에서 정치를 시작하는 가설들을 제시해야 한다. 더욱이 우리는 비지배(non-domination)에 지정된 정치적 능력에 관한 가설을 (재)정식화해야 한다.

이런 점에서 마르크스주의가 최초의 실존을 완결했다는 말은 정당하다. 완주된 하나의 주기(cycle)가 있으며, 나는 이 '주기'라는 말을 단순한 단계와 구별하기 위해 사용한다. 완결된 것은 마르크스주의화의 첫 번째 주기인데, 이는 이러한 마르크스주의화가 완전하게 마르크스주의의 목표로 실추되는 지점에 이른다. 이러한 마르크스주의화는 경탄할 만하거나 불길한 많은 사태를, 이를테면 마르크스의 저술, 10월 17일, 스탈린, 제3인터내셔널, 중국 혁명, 인도차이나 민족해방과 같은 사태를 일으켰다. 그리고 이 주기의 극단적인 가장자리가 우리 뒤에 바로 붙어 있는데, 이는 그 첫 번째 주기의 완결을 이미 실행하여, 요컨대 중국의 문화혁명부터 폴란드의 노동자 운동에 이르게 된다.

이 주기에서 마르크스주의의 실존 원리로 주어지는 것은 벌써 오래전에 시효가 만료되었다. 이런 것이 우리가 시작의 형상으로 이끌리는 이유이다. 오늘날의 진정한 정치와 동시대적인 어떤 것은 더 이상 마르크스주의화가 아니라 역사-정치적 '거기 있음'에 속한 것이며, 이로부터 해방의 차원과 지배의 형상(마르크스주의적 형상을 포함한)에 대한 이질성을 새롭게 재사유해야 한다.

우리는 『공산주의자 선언』을 되풀이해야 한다.

8. 원천의 재검토

(재)시작의 형상에서 무엇이 이른바 '마르크스주의의 획득물'

이 되는가? 마르크스-레닌주의의 해체로서 재시작은 그 '획득물'에 대한 순전한 망각인가? 마찬가지로 이 질문은 바로 사유의 존재론적 전회가 형이상학의 완전한 망각이 되어야 하는지 묻는 것과 같은 의미를 담고 있다. 그 이유는 마르크스-레닌주의가 정확하게 정치적 존재론의 형이상학적 시기이기 때문이다.

사유의 영역에서 마르크스는 무(無, rien)로부터 출발하지 않았다. 헤겔은 그에게 불가피한 준거였는데, 이 준거는 '거기 있음'의 표명이라는 원칙이나 정치적 참여의 규칙을 그 자체로부터 제공하지 않는다. 내가 말하고자 하는 바는 종래의 마르크스주의—마르크스주의화의 완결된 주기와 결부된 마르크스주의—가 전적으로 '헤겔주의적 유형의' 준거로 기능한다는 점이다. 이를테면 필연적이지만 이와 동시에 아무것도 결정된 것으로 규정하지 않는 준거로 말이다. 마르크스주의는 그 자체로 고유한 헤겔주의가 되었다. 마르크스주의의 획득물에 관한 준거대상은 해체되고 분해되고 개정되어, 그 자체의 방식으로 마르크스주의의 시작에 있는 '거기 있음'(il y a)의 동시대적 지정에 기여해야 한다. 왜냐하면 "비지배에 따라 결정되는 정치적 능력이 있다(il y a)"라는, 토대를 놓는 가설로 귀착되기 때문이다.

정치는 마르크스주의적 지식의 형이상학적 장치 속에서 모험적인 돌파구를 열어야 한다.

레닌은 마르크스가 사유의 세 가지 준거대상, 즉 철학적 준거대상(헤겔과 독일의 변증법적 관념론), 역사-정치적 준거대상(프랑스의 노동자 혁명운동), 그리고 과학적 준거대상(영국의 정치경제학)을 유기적으로 연결했다고 생각했다.

우리에게는 두 가지 사안이 있다. 먼저 마르크스주의화의 주기 속에서 펼쳐지는, 그리고 오늘날 파괴된 마르크스주의적 사유가 있다. 그러나 이는 바로 역사의 종언이라는 헤겔적 사유가 파괴된 것에 다름 아니다. 그리고 우리에게는 중국의 문화혁명에서 폴란드의 노동자 운동에 이르는 정치적 사건들이 있는데, 여기에서 관건은 증상적 기능을 평가하고 주체를 해석함으로써, 마르크스주의의 완결된 주기의 단순한 계통 가운데, 이 주체가 그 자신의 진리에 관해 사유 불가능한 채로 남는다는 점을 아는 것이다.

이를 달리 말하자면, 우리는 마르크스주의의 원천에 관한 질문을 새롭게 표명해야 한다. 마르크스주의의 실존의 첫 번째 주기 전체에 대해 제시할 수 있는 규정은 그 원천이 독일의 철학, 영국의 경제, 그리고 프랑스의 정치라는 점을 말하는 것이다. (재)시작의 이념은 오늘날 이 세 가지 원천이 고갈되었다는 것을 나타낸다. 그리고 우리가 실행하는 사유의 원천에 대한 새로운 배치가 확실히 마르크스주의 전통이 기록할 수 있었던 어떤 것과 전적으로 이질적이라는 점을 말이다.

하이데거가 앞서 형이상학의 시대적 지배 아래 형이상학 해체의 원천이 되는 어떤 것을 시에서 발견해야 했다면, 마찬가지로 우리는 결국 마르크스주의화의 영향력 아래 그것(마르크스주의화)이 마르크스주의 정치에서 은폐하고 망각하는 무엇이 언명되는 고정되지 않은 참된 언표를 찾아야 한다. 그 자체의 원천들에 관해 말하자면, 이러한 정치는 교설보다는 시를, 다시 말해 사건의 해석을 필요로 한다.

거기에는 분명히 폴란드의 노동자 운동이 있으며, 이는 하나의 대상을 넘어서는 원천이다. 그러므로 19세기 프랑스 노동자 운동에서와 마찬가지로 법칙이 되는 것은 그 운동의 승리가 아니라 오히려 승리의 단절이다.

나 자신이 오랜 기간 발전시켜 온 테제는, 프랑스에서는 주체의 분열과 대상의 소멸을 다루는 라캉의 이론이 정치적 주체를 다루는 마르크스주의 이론의 표명에 관한 원천이 될 수 있다는 것이다.•

모든 것은 부조화와 문제를 떠안고 있다. 그러나 헤겔, 리카도, 그리고 1848년 6월의 노동자 봉기■에 의해 구성된 집합 또한 처음

• 나의 책 *Théorie du sujet*, Éd. du Seuil, 1982 참조.

■ 1848년 2월 혁명의 결과, 루이 필리프의 입헌군주정이 무너지고 보통선거를 통한 공화정 정부가 들어섰다. 그러나 이 정부가 지주와 산업자본가들의 권익을 대변하는 입장을 취하자, 파리의 노동계급은 실업자들의 노동권 보장 정책으로 도입된 '국립작업장'의 폐지를 기화로 6월 봉기를 일으킨다. 부르주아 민주주의와 다른 사회적 공화국 또는 사회주의를 요구하던 이들의 봉기는 나흘 만에 진압됐으며, 그 뒤 온건 개혁파 정권은 반혁명적 노선을 택하여 당시 군 장성이었던 루이 보나파르트에게 모든 정권을 이양한다.

부터 명확하게 견고한 동일성을 띤 것은 아니다.

확실히, 시작의 지점에서 시작하기 위해서는 앞선 주기의 종결을 철저하게 사유할 필요가 있다. 첫째 과제는 이 주기가 끝나는 가장자리를 검토하는 일인데, 말하자면 마르크스-레닌주의에 관한 유효한 비판과 그 해체의 과정일 것이다.

이러한 비판은 하나의 정치적 강령—이론적인 동시에 실천적인—이며, 이를 통해 우리는 마르크스주의 전체를 정치에 관한 어떤 다른 사유의 시작을 위한 원천에 위치시킨다. 마르크스-레닌주의의 해체는 (재)시작의 심급에서 마르크스주의의 붕괴를 정립한다. 설령 불안과 위험이라는 대가를 감수하더라도, 그 분열은 정치의 완전히 새로운 실천의 토대가 될 실재의 '거기 있음'을 다시 받아들일 수 있는 몸짓이다.

우리는 우리 자신의 분노의 여신(Erynnies)이며, 이는 언제나 우리에게 불리한 구실이 될 수 있다. 그것은 참이며, 그 피는 지워질 수 없다. 그러나 손을 씻을 수 있다고 믿는 자는 오히려 반(反)마르크스주의자이다. 나는 '마르크스주의자'—표명할 수 없는 마르크스주의자—로서 묻는다. 정치가 다시 움직이게 되는, 그리고 죽음과도 같은 정치적인 것의 허구에서, 다시 말해 경제와 마르크스-레닌주의에서 벗어나게 되는 몸짓은 어떤 것인가? 이 몸짓이 불가능하고 찾을 수 없는 것이라면, 그 결정은 소포클레스의 비극에서 그런 것처럼 사유 불가능성의 아래에서 진행될 것이다. 만일 그 몸짓이 프롤레타리아 정치 주체의 진리에 관한 가설에 의해 깨우쳐지고 조직된 약함에서 찾을 수 없는 것이라면, 우리에게는 불운하게도, 마르크스주의는 아이스킬로스의 비극에서 그런 것처럼 마르크스주의의 변전으로 일어난 법의 단정적인 분열을 견뎌낼 것이다.■

■ 『주체의 이론』에서 '소포클레스에 따른 주체의 이론, 아이스킬로스에 따른 주체의 이론' 절 참조. 소포클레스의 비극은 주인공들(오이디푸스와 안티고네)이 초자아의 법(오이디푸스의 경우 부친 살해와 모자 근친상간이라는 금기, 안티고네의 경우 테베 왕이 된 크레온의 명령)에 대한 불안을 안고 끝까지 자기 결단을 밀어붙이는 방식으로 진행되는 데 반해, 아이스킬로스의 비극은 주인공 오레스테스가 부친 아가멤논을 살해한 모친에게 복수한 뒤 여신 아테나의 새로운 법(아테네 시민들의 투표)에 의해 그를 쫓는 분노의 여신 에리니에스들의 피의 요구에서 벗어나는 이야기를 그림으로써, 이전 법과의 단절(용기)과 새로운 법의 재구성(정의)을, 그리고 이에 따른 두 법의 분열을 다룬다.

2

재구성

1. 사건. 경험적 경로

우리를 정치적인 것(le politique)의 물러남에 말려들게 하는 기획의 모순은 이런 것이다. 이를테면 정치(la politique)의 본질에 대한 결정은 구조를 확보할 수도 없고(집합들의 비일관성, 탈유대) 의미를 확보할 수도 없으며(역사는 전체가 될 수 없다), 사건 이외의 다른 좌표축을 갖지 않는다. 우연성에 따라 포착되는 사건의 '거기 있음'은 바로 정치의 본질이 한정하는 장소이다. 그 본질화의 확실성은 도래하는 것의 불확실성에 의지한다.

그러나 사건은 현실(realité)의 영역에 속하지 않는다. 여기에서 사유는 사건을 사건의 일상적인 모조품, 즉 사실(fait)이라 명명될 수 있는 어떤 것과 구분하는 방향으로 향한다. 오늘날 저널리즘의 비본질성을 향한 정치적 성찰의 굴절은 무엇보다 사건과 사실의 혼동에 기인한다.

오늘날 정치의 본질을 결정하는 데서 '정치적' 사실성(factualité)을 떼어놓는 것보다, 특히 거기에 결부된 수치상의 고려를 떼어놓는 것보다 중요한 일은 아무것도 없다. 정치는 오직 수의 전횡에서, 이를테면 투표자들의 수와 또한 시위나 파업 참가자들의 수에서 해방될 때에야 사유될 수 있을 것이다.

오늘날 유통되는 정치가 매우 적다는 점을, 즉 거의 없다는 점을, 그리고 정치가 특히 수를 과시할 때 비실존의 경계에 있다는 점을 당장 인정하도록 하자.

정치적 성찰로서 제시되는 것의 일반적인 제도는—전형적으로—선거적 논평이다. 그러나 논평이나 선거는 정치의 본질에 접근하는 길이 아니다.

논평이란 무력함의 중얼거림, 활력 없는 민주주의의 특성, 이른바 저널리즘의 고유한 특성이다. 선거는 분명 하나의 사실이자 현실이며, 그러한 지위 때문에 매우 중요할 수 있다. 그러나 선거는 일반적으로 사건도 아니며 실재도 아니다. 그리고 이렇게 말해도 좋다면, 설령 선거가 사건이나 실재라 해도 그것은 선거에 달린 문제가 아니다. 선거의 현실이 정치적 실재에 대해 유지하는 관계는 불가능성의 지점에서, 즉 선거의 계산이 어쨌든 그 자체의 일관성을 만드는 어떤 것을 셈하는 데 실패하는 곳에서 진단해야 한다.

예를 들어 최근 프랑스의 모든 선거에서 매우 중요한 주체적인 관건은 확실히 대규모로 나타나는 이주노동자들의 도시적 현존과 연결된다.• 그렇지만 재현이 그 실재와 관련되는 지점은 이 재현 안에서 읽어낼 수 없다.▪ 특히 '인종주의의 확대'라는 주장, 즉 그 자체로 우파나 극우파가 선거에서 차지하는 수를 통해 표시되는 주장은 실재와 관련한 어떠한 정치적 의미도 전달하지 않는다. 이에 관한 증거는, 어떤 대상을 막론하고 무엇인가의 증대를 제시하는 모든 주장과 마찬가지로, 그 주장이 공포를 불러일으킬 뿐이라는 점이다. 그런데 공포는 정치적 감성이 아니다. 공포는 논평에나 어울리는 감성이다.

이런 정황에서 선거와 관련한 수가 배제하는 어떤 것을 이해하려면, 사실보다는 오히려 사건에 의지하는 편이 좋다.

사건은 사실에 결핍된 어떤 것이며, 따라서 사실로부터 진리를 지정해 낼 수 있다.

우리는 그 영역에서 사건을 전유하는가? 정치는 '정치적' 사실성의 견지에서 진리로 도래할 수 있는가? 탈보(Talbot) 공장의

• '이주민 문제'라고 일컬어지는 (그러나 그 기표가 이미 반동적인 특징을 띠는) 사안은 1982년 지방 선거와 드뢰(Dreux)의 보궐 선거, 그리고 1984년 유럽의회 선거에서 결정적인 역할을 했다(극우정당 국민전선〔Front national〕 후보명단의 인기).

▪ 재현(représetation)이라는 말을 대표 또는 대의라는 말과 연관시킬 때, 이 문장은 '대의정치가 이주노동자들의 도시적 현존이라는 실재와 관련되는 지점은 대의정치 안에서 찾을 수 없다'는 의미로 이해할 수 있다.

'사실'•이 선거에 의해 잊혀버린 사건을 직조해 낸다는 예비적인 가설을 개진해 보자.

확실히 1984년 초 푸아시(Poissy) 공장에서 일어난 일은 오늘날, 사실로서, 대대적으로 망각되었다. 의회 또는 조합의 서사를 직조하는 사실적 연대기에서 그 일은 결정적인 것이 아니다. 그러나 사건과 사실을 구분하는 양상은 이 둘이 동일한 중요성의 층위로 귀착되지 않는다는 것이다. 사건은—앞에서 폴란드에 관해 이야기했던 것처럼—기억에서 완전히 부재할 수 있는데, 사건의 효과

• 탈보 공장의 사실은 1983년 11월과 1984년 2월 사이에 위치한다. 그 방침은 거의 3,000명에 가까운 노동자들의 해고 계획을 제시한다. 이는 파업과 B3 작업장 점거, 숙련공과 CSL '조합' 동원, 폭력사태, 언론이 완곡하게 '비파업자들'이라고 일컬은 자들에 의한 B3 공격과 "북아프리카놈들을 불 속으로"라는 구호 등으로 이어진다. CGT는 그 계획을 승인하며(전적으로 정부와 함께), 그 점거를 '모험주의적'이라고 판단한다. CGT는 어떤 사안에도 개입하지 않는다. CRS의 호출에 협력한 CFDT는 파업 참가자들의 철수를 지원했으며, 사태는 저절로 마무리된다.*

여기에서 보는 그대로, 객관성은 단순하다. 주체적 단절이 필요한 것이다.

*여기에서 CSL은 2002년에 해산한 프랑스 우파 노조연합체인 자유주의 노조연맹(Confédération des syndicats libres)을 말하며, CGT와 CFDT는 각각 당시 집권하고 있던 미테랑의 사회당 정부에 협력한 온건좌파 성향의 노조연합체인 노동총연맹(Confédération générale du travail)과 프랑스 민주노총(Confédération française démocratique du travail)을 말한다. 그리고 CRS는 프랑스 경찰 소속 시위 진압부대인 공화국 보안대(Compagnies Républicaines de Sécurité)를 가리킨다. 탈보 공장은 파리 서쪽 푸아시에 있는 탈보 자동차 공장을 말하는데, "북아프리카놈들을 불 속으로"라는 구호는 파업 참가자들이 주로 북아프리카 출신 비숙련공이었던 상황을 반영한다.—옮긴이

에 충실한 무한성이 눈에 띄지 않는 방식으로 꾸준히 진리를 유포하기 때문이다.

정치는 또한 연대기를 재분절하는 과제를 안고 있다. 정치는 이를 통해 다른 강조점들을 배분하고, 다른 시퀀스들을 분리해 낸다.

나는 그 공장에서 일어난 일이 어떤 의미에서 정치적 시간을 주기화했는지 밝히고자 한다.

탈보 공장은 외견상 민족적인 '정치적' 사실들의 지역적 축소판일 뿐이다. 우리가 실제로 보는 것은 무엇인가? 현행적으로 주어진 것들을 특징짓는 세 가지 요소이다.

첫 번째 요소는 산업적 구조조정이라는 정부의 정책이다. 그러한 정책은 확실히 1981년에 사회당이 지지자를 결집하기 위해 제시했던 모든 것에 대한 부인이다. 이 시대의 프로파간다는 자본의 위기를 부정했으며, 소비의 활성화를 토대로 실업을 끝장낼 수 있다는 확신을 제시했다. 굴뚝에서 연기가 피어오르는 조용한 마을이 그려진 포스터로 말했던 것처럼, 여름밤의 감미로움 속에서, 공화국의 평온한 문화 속에서, 그리고 모두가 만족스럽게 그 위기를 처리할 수 있었던 것이다.

탈보 공장은 그 약속에 대한 기만이나 또는 그 교설의 완전한 오류를 막론하고, 확신의 선택이라는 하나의 지점에서 명확해진다. 정부는 두 가지 불가능한 합의 사이에서 유예되었다는 점이 확인되지만, 그럼에도 정부의 약속에 대한 합의와 자본의 야만성에 대한 합의—대중적 상식으로 대처(Thatcher), 레이건(Reagan) 또는 시라크(Chirac)에게 더 큰 자격이 부여된다고 간주되는—는 그들의 이데올로기적 내력에서 더 큰 일치를 보일 따름이다.

탈보 공장 상황의 두 번째 요소는 노동자의 상황을 제어하지 못한 CGT(노동총연맹)의 무능함이다. 그 상황이 구조조정의 야만성을 통해 대대적인 포화 상태에 이르렀고, 이주노동자들의 최소한의 자기조직화(autoconstitution)와 독립적인 발언 능력을 허용했다는 점을 감안하자면 말이다. 여기서 CGT와 프랑스 공산당은 해고 승인과 이주노동자 추방—그들에게서 조합의 중재자라는 자격을 박탈하는—, 그리고 이슬람에 관한 선동—그들에게서 생산적 국수주의의 옹호자이자 공장에서 자격을 갖춘 훌륭한 프랑스인들의 조직자라는 자격을 박탈하는—사이에서 제대로 작동하지 못했다는 점이 밝혀진다.

마지막으로 세 번째 요소는 CSL(자유주의 노조연맹) 패거리의 유능함으로, 이를테면 파업자들에게 대항하여 상당수의 프랑스인 임금노동자들을 조직해 내고, '북아프리카놈들을 불 속으로'라는 외침으로 작업장이라는 공간 안에서 민족에 얽힌 작은 내전을 촉발할 줄 아는 역량이다.

그런데 그 세 가지 요소는 선거와 관련한 수적인 거시 상황들에서 즉각 읽을 수 있다. 적은 수의 실질적인 참가자들(2,000명 또는 3,000명)은 수백만의 투표자들에 대한 환유(métonymie)■를 실행

한다.

첫 번째 요소에서 읽을 수 있는 것은 사회당의 비일관성인데, 이 정당은 어떠한 독립적인 정치적 기획도 이끌지 못하며, 그 자체의 해방을 말하는 문화적 색채와 자본의 필연성에 가담하는 국가적 기능 사이를 눈대중으로 헤쳐나간다. 그리하여 1984년 선거 때 이 정당의 지지율이 30퍼센트에서 20퍼센트로 떨어지는 당연한 결과가 나온다.

두 번째 요소에서 읽을 수 있는 것은 프랑스 공산당의 역사적인 몰락이다. 프랑스 공산당은 이탈리아 공산당과 달리 30년 동안 결코 국가와 민족의 응집에 필수 불가결한 요소가 되거나, 여론의 흐름을 관리하거나, 공장 노동자 대중의 대상적이거나 주체적인 전환을 통제할 능력도 그럴 방법의 인식도 없었기 때문에, 구체적인 역사가 도처에서 허구로 취급했던 '노동자 운동'의 재현으로 고정되고 만다. 그리하여 선거에서 낮은 득표율을 얻어 작은 정파로 전락하는 시련에 봉착한다.

세 번째 요소에서 읽을 수 있는 것은 극우파—나치보다는 페탱주의적(pétainiste)▪▪ 계보에 속하는—의 역량 증대이다. 이 역

▪ 부분으로 전체를 나타내는 것.

▪▪ 비시 정부의 수반이었던 앙리 필리프 페탱의 정치적 계보를 잇는 대표적인 페탱주의 정파는 국민전선이며, 바디우가 이 글을 쓸 무렵 장-마리 르펜이 국민전선의 당수였다. 현재 국민전선 당수는 장-마리 르펜의 딸 마린 르펜이 맡고 있다.

량은, 위기와 프랑스의 전반적인 지방화(provincialisation), 그리고 대규모 이주노동자들의 현존으로 인해 많은 사람들의 반동적인 인식을 둘러싸게 된 동일성의 공백을 가득 채운다. 이에 따라 르펜(Le Pen)은 11퍼센트의 득표율을 얻는데, 이는 **동일자**(le Même)의 사회적 만족, 프랑스인 우선, 프랑스인은 프랑스인이다 따위의 추상적인 담론 위에, 아랍인들은 내 알 바 아니라는(*no man's land*) 술집 주인에게나 어울릴 법한 일종의 동어반복 위에 세워진 득표율이다.

그럼에도 사건을 정치적으로 해석할 수 있는 사건성은 오로지 사건과 현실, 미시와 거시의 동형성이 사라지는 거기 그 장소에 있을 뿐이라고 주장할 필요가 있다.

먼저 침묵하는 주체의 승리에 대해서 말해보자. CSL 패거리에게 장악된 탈보 공장에 대해서 말이다. 이 패거리는 노동자들에게 이긴 것이 아니라 좌파 정부에 이겼다. 실제로 좌파 정부가 이른바 '이주민 송환'(retour des immigrés)이라 통칭되는 정치를 그 사건의 교훈으로 얻어낸 이상, 이 정부는 곧 반동적인 의도의 토대 자체를 인가하는 셈이다. 말하자면 이민자들을 이제 사회와 작업장에 대한 그들의 내재성을 통해서—즉 20년 동안 여기에서 일한 노동자로서—가 아니라, 그들의 민족적 외재성을 통해서 재현해야 한다는 토대를 말이다. 보조금 지급의 실행보다는 사유의 배치로 파악될 때, 이주민 송환의 정치는 정확히 극우파의 교설이라는 영역에 있다. 공식 국적이라는 요인이 절대적으로 다른 모든 요인에 대해, 특히 공장 안에 있는 노동자의 실재에 대해 우위를 차지할 수밖에 없는 것이다.

“북아프리카놈들을 불 속으로”라는 말과 “이주민들이 집에 갈 표, 내가 몇백만 번이라도 사주겠다”라는 말 사이에는 중요한 어조의 차이가 있지만, 안타깝게도 정치적인 원칙에서는 아무런 차이도 없다. 이 두 명제에서 반동적 주체성은 똑같이 소환된다. 따라서 극우파는 탈보에서 주체적으로 정부를 이겼던 것이다. 그러나 선거에서는 이러한 승리의 예상을 읽을 수 없는데, 그 이유는 논평이 당연히 우파의 인종주의와 좌파의 반인종주의를 대립시켜, 한쪽이 다른 한쪽에 대해 점수를 따게 하기 때문이다. 이와 관련한 진상은, 이주노동자들과 관련해 극우파의 행동과 좌파 정치의 재배치 사이에 있는 탈보를 그러한 정황 속에 자리 잡게 하는 관계가 전면적인 대립이 아니라 서로 통하는 비틀림(torsion)의 관계였다는 점이다. 명확하게 분리되어 있거나 상반되는 지점에 위치한 언표들 사이에서 근본적인 동일성이 순환하게 하는 비틀림 말이다. 선거와 관련한 수는 이러한 비틀림을 읽을 수 없게 만드는 동시에 견고함을 부여한다. 그 이유는 극우파의 담론이 아무리 잘못된 것이라 해도 전체를 관통하여 유통되는 이상 극단주의적이거나 비전형적인 것으로 인식되지 않는다는 점에서, 극우파가 분명히 의회적인 신뢰성을 얻기 때문이다.

그 비틀림을 해체하는 지점은 우리가 믿을 수 있으리만치 명확하지 않다. 반인종주의의 형식적 선언들은 이 주제에 관해 어떠한 효력도 미치지 않는다. 사건을 구성하는 사실들을 아직 유심히 살펴보아야 한다.

점거된 탈보 공장에서 노동자 저항의 중심적인 언표는 이런 것이다. "우리는 우리의 권리를 원한다." 이 언표—내가 방점을 찍는 해고된 이주노동자의 권리 그 자체에 대한 언표—는 선거와 관련한 수를 통해서는 어디에서도 울리지 않는 것이 분명하다. 그러나 이 언표는 탈보 상황의 네 번째 항이며, 사건을 만들어낼 수 있도록 상황을 재편하는 힘을 가진 유일하게 덤으로 주어진 항이다.

오늘날 어떤 사람들은 이주노동자들의 언표가 의회라는 장(場)에서 배제된 채로 남는 이유가 단적으로 그들에게 투표권이 없기 때문이라고 상정한다.

그런 가정은 정치적 사유가 수의 법정명령(l'injonction) 아래 사유의 절대적 요청(impératif)을 포기하는 지점이다.

나는 이주민의 투표권에 대한 확고한 지지자이다. 나는 12년 전부터, 말하자면 1972년 미등록 노동자들의 첫 번째 단식농성 이래, 행위와 선전활동에서 이들의 투표권에 대한 확고한 지지를 고수해 왔다.

그러나 나는 결코, 내가 정치의 차원에 있다고 말하는 사건을 규정할 능력이 재현(représentation)과 수의 영역에 있다고 생각하지 않는다.

반대로 나는 탈보 노동자들의 언표가, 언제나 그랬던 것처럼, 권리를 대상으로 하면서도 본질적으로 재현 불가능하다고 주장한다. 그리고 이 언표의 정치는 바로 이러한 재현 불가능성에 있다고 말이다.

달리 말해보자. 동구의 전제적 관료주의와 마찬가지로 서구의 의회적 위임이 도입하는 정치의 형상은 힘에 대한 강령적 표현을 드러낸다. 그 형상의 뿌리는 집단들의 이해관계 또는 이념이 강령(programmes)과 계획(plans)의 작동을 거쳐 행정부의 구성에 투영된다는 점일 것이다. 동구와 마찬가지로 서구에서도 강령과 계획의 본성은 경제적이다. 이렇게 말할 수 있다면, 전제적 관료주의는 노동자의 독재적 합법성이라는 순수하게 장식적이며 또한 추상적인 외양 아래 민족적인 강령을 유일한 부속물로 표명할 능력을 제시할 뿐이다. 여기에서 관건이 되는 것은, 로마제국에서 나타난 것처럼 숭배가 신앙에 우선하는 일종의 세속 종교이다. 반대로, 의회주의는 필요의 수렴이라는 인정된 바탕 위에 강령들의 충돌이라는 외양을 조직한다. 어떤 경우건, 정치의식은 국가적으로 실행 가능한 제안들로 이루어진 체계의 지지자들에게 위임된 무언가와 관련된다.

권리들에 대한 노동자의 언표에서 정치의식의 법칙은 완전히 다른 어떤 것인데, 그 이유는 바로 그러한 법칙이 어떤 강령적 형상이나 계산 가능하다고 규정된 형상도 없는 것으로 구성되기 때문이다. 정부와 조합들이 한목소리로 말하는 그대로, 문제가 되는 권리들은 실존하지 않는다. 게다가 모로코 출신 노동자들은 이 권리를 주장하는 동시에, 사실에 비추어볼 때 그들 곧 프랑스에서 20년 동안 일한 노동자들은 이 권리에 대한 아무런 권리도 갖지 못한다고 단언한다.

그러한 인식은 여기에서 권리 없는 권리라 일컬어지는 어떤 것을 가로지르는 사건, 마르크스와 리오타르의 표현을 이어받아 말하자면 그 사람들에게 저질러진 절대적인 과실(過失), 즉 단적인 과실•을 가로지르는 사건으로부터 유도된다.

그러한 과실은 재현할 수 없으며, 어떠한 강령도 그에 대한 보상을 기입할 수 없다. 정치가 시작되는 시점은 희생자들의 재현을 의도하여 오래된 마르크스주의 교설을 표현적 도식의 죄수로 사로잡고 있던 기획을 실행할 때가 아니라, 희생자들이 자기 의사를 표명하는 사건들에 충실하고자 할 때이다. 이 충실성은 무가 아니라 어떤 결정을 통해 발생한다. 그리고 이 결정은 어느 누구에게도 결코 그 무엇을 약속하지 않으며, 다만 어떤 가설에 의해 연결될 뿐이다. 관건은 마르크스가 정초했던 비지배의 정치라는 가설인데, 이는 오늘날의 재정초라는 문제와 관련된다.

• 노동자들에게 저질러진 '단적인 과실'(tort tout court)이라는 관념은 마르크스의 『헤겔 법철학 비판』에서 제시된다. '과실'은 J.-F. 리오타르의 최근작 『분쟁』(*Le Différend*, Éd. de Minuit, 1984)의 중심 개념이다.

이러한 관점에서 정치적 참여는 칸트의 취미판단(le jugement de goût)▪과 동일한 반성적 보편성을 지닌다. 정치적 참여는 어떠한 증거를 통해서도 추론할 수 없으며, 그것은 절대적 요청(impératif)의 효과도 아니다. 그것은 연역도 아니고 규정도 아니다. 참여는 *공리적*(axiomatique)이다.

2. 정의와 공리

관건은 정치의 비(非)강령적인 본질을 명확히 하고, 내가 개입의 충실성이라 일컫는 것을 사유하는 일이다.

나는 잠시 스피노자의 서술 방식을 채택한다.

나는 노동자와 대중의 단독성들에 따라 집단적으로 관련되어 있다고 판명되는, 그리고 일자의 체제의 실패를 식별할 수 있는 사실과 언표의 복합체를 *전(前)정치적 상황*(situation pré-politique)이라 명명한다. 그러므로 "둘이 있다"라는 환원 불가능한 언표가 뒤따르는

▪ 취미판단이란 칸트의 제3비판, 즉 판단력 비판을 가리키는 말이다. 칸트의 판단력 비판과 정치의 관계를 엿보는 시도는 한나 아렌트의 작업에서 찾을 수 있다. 비록 바디우가 아렌트로 대변되는 정치철학에 비판적인 견지를 유지하기는 하지만, 어쨌든 반성적 보편성이라는 공통점을 잡아 감성론(혹은 미학)과 정치의 가교를 놓는 아렌트의 『칸트 정치철학 강의』는 충분히 흥미로운 작업이다.

다. 또는 하나의 재현 불가능한 지점 혹은 공집합(ensemble vide)이 등장한다.

나는 상황을 재현 가능한 것의 영역 안에서 *그러한* 상황이 된 것으로 규정짓는 하나로 셈하기(compte-pour-un)의 실존적 기제를 상황의 *구조*라 명명한다.

나는 일자의 체제에 따른 규정이 나머지로, 따라서 그 체제의 기능장애로 내버리는 어떤 것을 *사건*(événement)이라 명명한다. 사건은 주어지는 것이 아닌데, 이는 일자의 체제가 모든 주어짐(donation)의 법칙이기 때문이다. 따라서 사건은 어떤 해석의 산물이다.

나는 분열로부터 사건을 끌어내는 해석, 즉 "둘이 있다"라는 언표를 끌어내는 해석으로 실행되는 어떤 것을 통해 나타나는 정원외적인(surnuméraires)▪ 언표들과 사실들을 *개입*(intervention)이라 명명한다.

나는 개입의 체제에서 사건의 일관성을 정립하고, 사건을 전정치적인 상황 너머로 전파하는 어떤 것을 *정치*라 명명한다. 이러한 전파는 결코 반복이 아니다. 그것은 주체의 효과, 곧 일관성이다.

나는 정치적인 조직, 말하자면 사건의 직접적인 영역 너머에서 오는 사건적 일관성의 집단적인 산물을 *충실성*(fidélité)이라 명

▪ 정해진 수를 넘어선다는 뜻.

명한다.

탈보 공장은 하나의 전정치적 상황이며, 여기에서 해고에 대응하는 조합의 파업이라는 상황 규정은 실패에 봉착한다. 이주노동자들이 자기 권리를 주장하는 언표는 그러한 규정 안에서 셈해질 수 없으며, 게다가 거기에서 셈해진 적도 없었다. CSL의 활동과 폭력사태, CGT의 무기력, CFDT의 이탈, CRS의 투입, 송환의 정치라는 말로 표현된 정부의 결산 등, 모든 요인이 정합적이고 전체 상황에 의해 합법화된 하나의 집합을 형성하며, 따라서 **일**자로 재현될 수 있다. 이러한 요인들이 하나로 셈하기를, 곧 구조를 실현한다. 실제 인식에 따를 때 이주노동자들은 그러한 **일**자의 공집합이다. 그러므로 엄밀한 의미에서 이들은 셈할 수 없는(innombrable) 것이다.■

공백은 언제나 실재에 봉합된 지점이며, 이에 따라 재현의 충만함은 **둘**(un Deux)의 항들 중 하나로 밝혀질 뿐이다.

사건은 여기에서 권리 없는 권리의 언표이다. 사건은 그 언표가 작용하는 부적합한 형태의 계획들에 대한 해석을 거쳐 생산된다. 그러한 계획들의 부적합함을 보여주는 지표는 유동적인 다수성이다. 어떤 사람은 우리에게 2천만 프랑이 필요하다고 말하고,

■ 공집합 또는 공백은 모든 집합의 부분집합으로 포함되지만, 원소로 귀속될 수 없다. '셈할 수 없다'라는 말은 이들이 상황 내에 원소로 귀속되지 않는다는, 달리 말해 현시되지 않는다는 뜻이다.

다른 사람은 사회보장 분담금 환급이 필요하다고 말하며, 또 다른 누군가는 근속 연수에 따라 월급을 지급해야 한다고 말하는 것처럼 말이다. 전정치적인 상황 속에서 해석은 노동자들을 소모품처럼 취급할 수 없다고 발언했던 그러한 사건을 생산한다. 그러한 정황에서 이 불가능성은 바로 현실이며, 따라서 가능성이다. 불가능한 것의 가능성은 정치의 토대이다. 그 가능성은 오늘날 우리가 배워온 모든 것, 즉 정치가 필요를 관리한다는 것과 크게 반대된다. 정치는 루소가 불평등의 토대를 드러내는 바로 그 몸짓에서 시작한다. 모든 사실을 무시함으로써 말이다.

사건의 도래에서 중요한 것은 모든 사실을 무시하는 것이다.

개입은 이를 통해 해석되는 사건에 일관성을 부여하며, 사건적 언표를 반영하는 판단의 언표로 전파된다. 그럼으로써 개입은 충실성을 조직한다. 충실성의 조직은 반성적 판단의 물질성이다.

3. 관념론 반박

나는 전정치적 상황에 대한 정의에서, '노동자와 대중의 단독성들'이 관련된다고 규정한다. 이 규정은 공리적이며, 다시 말해 일반적이다. 나는 이 규정이 상황들의 본질에 관련되며, 청년이나 지식인 등이 연루될 수 있는 이러저러한 구체적인 정황에 관련되지 않는다는 점을 말하고 싶다. 그 규정의 본질적인 결정에서, 말하자면 전략적인 측면에서, 사실 나는 정치가 노동자, 대도시 거주민, 이주민, 농민 등의 주체적 연루 없이 전개될 수 있다는 생각을 배제한다.

그렇지만 나는 결정적인 반대에 맞닥뜨린다. 사람들은 내게 이렇게 말하곤 한다. 당신이 *마지막 순간에(in extremis)* 경험적인 노동자를 다시 도입한다면, 실체적인 역사화를 통해 마르크스주의를 파괴하며(나는 누가 프롤레타리아를 실체화하는지 말하고 싶다) 마르크스주의를 비지배의 정치라는 가설로 환원하는 일이 무슨 소용이란 말인가? 또한 이러한 반대의 목소리도 이어진다. 해방된 유적(générique) 노동자라는 관념, 요컨대 프롤레타리아라는 관념의 자리를 당신은 근거도 불분명하고 순전히 주관적인 가설로 대체하는 것이며, 그것은 효과를 입증하는 것이 아니라 결과를 검토하는 것에 불과하다고 말이다. 당신은 그런 방식으로 사회적인 것과 정치적인 것 사이의 표현적인 관계를 끊었다. 당신은 정치적 과정의 공리계(axiomatique)를 위해 프롤레타리아의 위업(la Geste)을 청산했다. 그러니 끝까지 가라! 그 공리계 내에서, 상황들에 놓인 노동자 또는 대중의 요인이라는 조건마저 폐기하라. 그럴 때에야 사라져버린 프롤레타리아라는 상황 속의 유령을 발견할 수 있으리니.

그러한 반론은 칸트에 대한 헤겔의 반론을 상기시키지 않을 수 없다. 어떤 이유로 '부조리한 물자체'를 고수해야 하는가? 주체가 경험을 구성한다면, 이 주장을 밀고 나갔을 때 절대적인 것(Absolu) 자체를 주체(Sujet)로 파악하자는 뜻이 된다. 그것은 결코 재현 불가능한 세계의 배후(arrière-monde)로 존속하지 않는다.

마찬가지로, 해방적 정치의 과정에 대한 유일한 조건이 사건의 지점에 열려 있음이라면, 그것은 상황들에 관한 어떠한 술어적 조건에도 종속되지 않는다. '노동자적'이나 '대중적'이라는 술어들은 정치가 사회의 계급적 조직화에서 연역된다고 주장하는 낡아빠진 사회적 실체론(substantialisme)의 흔적들이다.

칸트는 『순수이성 비판』의 '관념론 반박'이라는 글▪에서 이에 관한 반론을 선취했다. 그는 아무것도 현시되지 않는 경우, 의식이 재현의 장소에서 작동할 수 없다고 정립했던 것이다.▪▪ 달리 말하면 재현이 나타나려면 존재로서의 존재(l'être en tant qu'être)가 재현의 난관을 보존해야 한다는 것이다.▪▪▪ 물자체의 제거, 그것은 실제

▪ 여기에서 칸트가 말하는 관념론은 '질료적' 또는 '실체적'(substantiel) 관념론이다.

▪▪ '관념론 반박'이라는 절에서 칸트는 내적인 의식을 경험한 이후에 외적인 사물의 경험이 있을 수 있다는 종래의 실체적 관념론의 주장을 뒤집어서, 외적인 사물은 직접적이며, 내적인 의식의 경험은 외부의 사물에 비추어서, 곧 반영적으로 있는 것이라고 말한다. 달리 말하면, 먼저 외부적 사물의 현시가 있고 이를 반영하는 내적 의식을 통한 재현으로서의 경험 또는 지각이 가능하다는 것이다. 유비적으로 이를 사회적 실체론의 맥락으로 옮겨서 보면, 바디우는 칸트의 주장이 사회적 실체 또는 사회적 계급의 조직화에서 정치가 연역된다는 주장을 뒤집는 단초를 제공한다고 보는 것이다.

로 경험에 따른 주체적 구성의 해체이며, 헤겔이 생각하듯이 한계를 향한 이행이 아니다. 왜냐하면 경험은 거기에 결여된 실재에 (위상학적으로) 연결되어 있을 경우에만 주체이기 때문이다. 헤겔은 자신이 칸트의 모순을 지양했다고 생각하지만, 실제로 주체에 관한 칸트의 교설과 모순을 이루는 것은 바로 그 자신이다.

여기에서 나는 나 자신의 공리계에 대한 '최대한의' 해석이 허용할 수 있는 절대적인 정치적 관념론을 반박하는 데 착수하며, 이는 개입을 고수하지만 그럼에도 정원외적인 개입이 나타나는 사건의 장소에 대한 (노동자적이며 대중적인) 특성을 명명하지 않는 방식으로 구성될 것이다.

나는 필연적으로—칸트처럼—귀류법▪▪▪▪에 따라(par l'absurde) 논증할 수밖에 없다. 실제로 전정치적인 상황들이 노동자와 관련되어야 한다는 점을 직접적으로 정립할 수 있다면 우리는 노동자의 정치적 특권을, 그리고 이에 따라 우리의 재정초의 몸짓이 배제하는 실체론적 전제를 복원하게 될 것이다. 만일 사회적 존재의 형태로 탐지할 수 있는 정치적 주체라는 의미의 프롤레타리

▪▪▪ 이 문장에서 '재현의 난관'이란 다음 문장의 '물자체'를 지칭한다.

▪▪▪▪ 귀류법은 배리법 또는 반증법이라고도 한다. 귀류법은 어떤 주장이 있을 때 이 주장에 대한 반대 주장을 단계적으로 검토함으로써 이 반대 논증의 귀결에서 오류를 드러내고, 이를 바탕으로 본래 주장이 참이라는 것을 증명하는 간접 논증 방식이다.(영어권에서는 라틴어를 사용해 *reductio ad absurdum*으로 표기한다.)

아가 없다면, 우리는 오로지 건설적인 논의를 통해 주요한 정치적 상황들이 노동자적이라는 주장을 정립하기를 기대할 수 있을 뿐이다. 우리가 붙잡을 수 있는 유일한 기회가 있다면, 그것은 상황들에 관한 노동자적이며 대중적인 규정에 대해 (전략적으로) 고찰하지 않을 수 없다는 점을 정당화하는 것이다.

정리. 현실적인 조건에 대한 정치적 개입, 다시 말해 근대적인 정치는 노동자나 대중이라는 장소에서 일어나는 사건에 충실해야 한다는 점을 전략적으로 회피할 수 없다.

그렇게 회피할 수 있다고 가정해 보자. 공리적인 가정은 해방의 정치의 가설이며, 따라서 비국가적이며 비지배에 입각한 주체적 정치의 가설이기 때문에, 그러한 정치의 전개는 그 직접적인 장 안에 대다수 피지배자들(그 수가 얼마가 되든 간에)이—근대적인 조건 속에서—물질적으로 실존하는 장소를 포함하지 않고도 가능하다는 결론을 내릴 수 있을 것이다. 이를테면 공장이나 외곽도시, 이주민 숙소 또는 자동화된 반복적 직무를 처리하는 사무실 등과 같은 구체적인 장소들을 포함하지 않고도 말이다. 특히 공장이 관련될 경우 예외는 극명한데, 별다른 어려움 없이 공장이 시민사회와 그 안에서 사회적 관계를 지배하는 중재적인 법들로부터 분리되어 있다는 점을 확증할 수 있기 때문이다.

이 가정에서 비지배의 정치는 피지배자들에게 오로지 재현의 형식으로 존재할 텐데, 그 까닭은 개입을 일으키는 사건이 그들을 사건의 장소에 포함하지 않기 때문이다. 특히 노동자와 대중의 언표는 정치적 개입의 질료가 되지 못할 것이다.

좀 더 엄밀하게 말하면, 정치의 원자(原子, atome)(사건에서 시작된 개입)와 관련해 정치로부터 전략적으로 탈중심화한 상태에서, 피지배자들은 그러한 정치에 대한 관심을 오로지 강령적인 용어를 통해서만 표명할 수 있을 것이다. 다시 말해 그들은 그것이 평등주의의 정치 또는 비지배의 정치로 재현될 수 있다는 단 하나의 요점에 따라 거기에 집결한다는 뜻이다.

그런데 정치의 본질은 재현을 배제하고, 강령적인 인식을 결코 외형으로 삼지 않는 것이다. 정치의 본질은 전적으로 개입의 그물망으로 물질화하는 사건에 대한 충실성에 있다.

그러므로 정치는 노동자나 대중과 관련한 상황의 성격을 고려하는 것을 전략적으로 회피할 수가 없다. 만일 정치가 이를 회피한다면, 정치는 그 자체에 고유한 최초의 공리에 대해 모순이 될 것이다.

따름 정리. 정치의 투사적 형상은, 그 개념 자체로, 노동자나 대중과 관련한 사건의 중요한 장소인 공장이나 교외 주택단지(cités) 등에서 매개 없는 (특히 의회나 조합이라는 매개가 없는) 현존을 요구한다. 그 요청이 '노동자계급' 또는 '대중'에 대한 가정에서 나오

는 것이 아니라, 오히려 이런 분류에 대한 모든 가정의 소멸에서 나오는 것이라는 점은 주목할 만하다. 그리고 만일 '노동자계급의 정당'이 있다면 사실상 당신에게는 애초에 매개가 있는 셈이므로, 공장이나 교외 주택단지 등에서 매개 없는 정치를 시작할 필요가 없다. 요컨대, 어느 누구도 프랑스 공산당에 속한 지식인들에게 그런 곳에 가라고 요구하지 않았던 것이다. 오늘날에는 그와 반대로 정치는 실존하지 않거나(자본주의가 완전히 허용하는 것), 또는 대다수 지식인들의 현재 상황에서 정치적 행위자들을 사건적 본질을 구성하는 장소들로 소환한다. 직접적인 투사적 형상은 이와 같이 실행 또는 참여의 처지로 끌어내어진다. 투사적 형상은 그 자체로 정치적 실존에 관한 내재적 개념이다. 그 형상은 정치의 비강령적 본질에서 집요하게 추출된다. 누구건 *행동하지* 않는 자는 *존재하지* 않는다.

4. 변증법의 계보

오늘날 일반적으로 인정되는 주제는 변증법을 통해 사변 철학을 끝장내지 않는 이상 정치적인 것은 사유로 되돌려질 수 없다는 것이다.

문제는 변증법을 이해하는 것이다.*

내가 말하고자 하는 바는 사건, 구조, 개입, 그리고 충실성이라는 개념들 또한 변증법의 개념들이라는 점이다. 변증법이 헤겔에게서 이미 부적절하다고 여겨지는, 전체화와 부정성의 작용이라는 평면적인 이미지로 귀착되지 않는 한에서 말이다. 변증법의 변증성(dialecticité)은 바로 그 자체의 개념적 역사를 가지며, 헤겔의 원형을 분열시킨다. 이 변증성이 그 자체의 존재에서 정신이 이끄는 모험이 아니라 사건의 교설에 이를 때까지 말이다. 말하자면 이는 하나의 역사라기보다는 하나의 정치이다.

우리가 변증법적인 사유를 다루고 정화하는 지점에서 그 계보는 재구성될 수 있다. 다른 개념을 원한다면 다른 선조들을 찾아야 한다. 정치가 시작되는 공리계를 밝히고 싶다면, 예컨대 내가 네 명의 프랑스 변증가들이라 일컫는 사람들인 파스칼, 루소, 말라르메, 그리고 라캉을 살펴봐야 할 것이다.

그 문제는 얼마나 중요한가? 무척이나 중요하다. 관건은 해방된 철학적 지평에 모든 정치의 재정초를 기입하는 것이기 때문이다. 무엇으로부터의 해방인가? 기계론과 과학만능주의의 접근법, 즉 마르크스주의가 라파르그(Lafargue)와 게드(Guesde)에 의해 프랑스로 도입된 이래 줄곧 고착되어 있던 접근법으로부터의 해방이

• 내가 쓴 『주체의 이론』의 많은 부분이 변증법 개념을 다루는 데 할애되었다. 그 버팀목은 헤겔과 고대 유물론자들과 말라르메에게서 취해진다.

다. 모든 능동적인 사유는 그 자체의 민족적 기입을 실현해야 한다. 프랑스 마르크스주의는 계몽주의, 반교권주의(anticlerical) 투쟁, 그리고 과학적 진보의 유산을 물려받기를 바랐다. 기독교 변증은 알려진 방식으로든 맹목적인 방식으로든 프랑스 마르크스주의의 대척점에 있다. 프랑스 마르크스주의는 혁명의 이념을 세속화하고 지방화했던 것이다.

그런 격하된 이미지에 대비하려 할 때마다, 프랑스 마르크스주의에는 그저 약간씩의 헤겔주의적 비극이 주입되거나 유물론적 준거가 장식되었을 뿐이다(디드로〔Diderot〕나 엘베티우스〔Helvetius〕보다는 스피노자나 루크레티우스〔Lucrèce〕).■ 그러나 마르크스주의의 대표적인 핵심, 곧 그 무게중심은 생산관계와 계급에 따른 사회구성에 관한 실증적 이론으로 지탱되는 과학적인 역사 이론에서 옮겨지지 않았다. 이러한 재현의 배경에는 사실상 노동자 운동의 민족적 특징들, 즉 조합주의(syndicalisme), 투쟁의 논리, 강령의 우위라는 특징들이 자리하고 있었다.

낡은 노동자 운동은 힘을 잃었으며, 이 기회를 활용하여 낡은 마르크스주의를 청산해야 한다.

■ 디드로와 엘베티우스는 자유의지를 강조하는 프랑스 계몽주의에 속한 철학자들이다. 루크레티우스는 고대의 원자론자이기 때문에 유물론과 연관해 말하기에 무리가 없지만 스피노자는 문제가 있을 수 있는데, 바디우는 스승 알튀세르의 연구에 근거하여 스피노자를 유물론과 연관짓는 것으로 보인다.

정치의 실존에 관한 하나의 주기를 마감하고 다른 주기를 여는 몸짓을 통해, 나는 하나의 새로운 혈통을 제시한다. 모든 탄생은 계보를 만들게 마련이다.

오늘날 우리가 아는 것처럼, 이는 정치에 대한 재현적(représentatif) 시각을 청산하는 일이다. 하나의 규범처럼 자리 잡은 레닌의 언표에 따르면 사회는 계급들로 구분되며, 계급들은 정치적인 당파들에 의해 대표된다(représentée). 그러나 이러한 언표는 이미 무용지물이 되었다. 본질적으로 이 언표는 의회적인 관념과 동질적이다. 두 경우 모두 핵심적인 사안은 정치를 통한 사회적인 것의 재현이기 때문이다. 레닌 또한 말하듯이 이런 의미에서 정치는 "경제를 농축한다."■ 재현과 농축은 당의 실존에 대한 사유와 정치의 장소에 대한 측정이 시작되는 어떤 것이다. 바로 이것이 마르크스주의가 갈 길을 잃는 모습이다.

사람들은 변증법적 사유를 제일 먼저 재현과의 갈등을 통해 인식할 것이다. 이와 유사한 사유가 그 자체의 장 안에서 재현 불가능한 지점을 추적하며, 여기서 우리가 실재에 이르게 된다는 점이 드러난다.

예를 들어 루소는 정치적 재현을 철저하게 금지한다. 주권의 절대적인 토대로서 인민은 주권을 누군가에게 위임할 수 없으며

■ 레닌의 본래 인용문을 제시하자면, "정치는 경제의 농축된 표현이다".

또한 스스로에게도 위임할 수 없는데, 이런 점에서 루소는 무질서하다(anarchiste)고 할 수 없다.■ 순수한 정치적 능력으로서 파악된 인민은 재현될 수 없다. 루소는 의회주의에 전적으로 적대적이다.

말라르메에게 시(poésie)란 시인도 세계도 표현할 수 없는 것이다. 마치 작품이 시인 없이 생겨나는 것인 양, 시인은 작품에서 부재해야 한다. 그리고 세계에 관해서 말라르메는 우리가 세계에 덧붙여지지 않을 것이라고 강력히 주장한다. 그러므로 한 편의 시(poème)는 하나의 개별적인 과정을 실현하며, 이 과정은 그 시를 형상화하지 않으면서 그것의 본질을 해방한다. 모든 사물은 본질을 결여하게 된다.

파스칼에게 신은 철학을 통해 재현될 수 없는 것이다. 세계에 속한 그 무엇도 신에게 이르지 못한다. 파스칼에게 세계가 더 이상 신과 추이적인(transitif)■■ 관계에 있지 않은 것과 마찬가지로, 내 관점에서 사회적인 것은 정치와 추이적인 관계에 있지 않다. 사회적인 집단들이 정치에서 일관성이 없는 것과 마찬가지로, 파스칼의 관점에서 세계의 '이중 무한'■■■은 결코 신을 추론해 낼 수 있

■ 두 문단 앞의 "마르크스주의가 갈 길을 잃는 모습"과 연결지어 읽을 것.

■■ '추이적인'(transitif)이라는 말은 '연속적인', '승계하는' 정도의 뜻으로 읽을 수 있다.

■■■ 무한히 작은 것과 무한히 큰 것, 즉 무한소와 무한대를 가리킨다. 『팡세』 숙고 72 참조.

는 전체를 묘사하지 못한다. 신에 대한 주체적인 관계는 예측할 수 없는 도박에 있다(이와 마찬가지로 공산주의적 정치에도 판돈을 걸어야 한다. 즉 여러분은 결코 자본으로부터 공산주의 정치를 추론하지 말아야 한다).

마지막으로, 라캉에게 주체는 무엇으로도 재현되지 않는다. 그는 욕망이 (기표를 통해) 말해진다 하더라도 표명될 수 없다는 사실을 역설한다. 분명히 "하나의 기표는 주체를 다른 기표로 재현한다"라는 정식이 있다. 그러나 이 정식이 나타내는 것은 바로 어떠한 특정한 기표도 주체를 재현할 수 없으며, 주체는 언어의 연쇄 사이에서 좌초될 수밖에 없다는 점이다.

이 모든 사례들—말하자면 주체의 효과가 자리한 각각의 장소에서 신·인민·시·욕망과 관련되는 사례들—에서 개념의 법칙은 비재현(irrepresentation)의 절차에 따른 법칙이다. 마찬가지로, 나에게 정치는 결코 프롤레타리아나 계급 또는 민족을 재현하지 않는다. 정치에서 주체가 되는 자는, 정치적인 효과 자체를 통해 그 실존이 확인된다 하더라도, 표명될 수 없는 상태로 남는다.

관건은 실존하는 무언가가 재현될 수 있다는 것이 아니다. 무언가를 실존하게 하는 어떤 것과 관련하여 중요한 것은 아무것도 그 실존을 재현하지 않으며, 오히려 아무것도 아닌 것(rien)이 그 실존을 순전히 현시할(présente) 뿐이라는 점이다. 파스칼은 '신 존재 증명'에 관한 구상(데카르트나 토마스주의에 따른)을 혐오한다.

루소에게 인민은 결코 그들 자신을 정치적 역량으로 구성하는 계약(Contrat)에 앞서 실존하지 않는다. 또한 그 계약 자체에는 이를 이해할 수 있는 어떠한 '증거'도 없다. 말라르메는 그 자체로 숙고되며, 그 외부에 놓인 어떤 것에 의해서도 설명될 수 없는 시를 원한다. 라캉의 주체에 관해서, 우리는 심지어 그러한 주체가 실존한다고 말할 수조차 없을 것이다. 그에게 주체는 오히려 탈-존하는(ek-siste) 실재이다. 나 또한 프롤레타리아의 실존에 관한 증명을 그다지 원치 않는다. 어떠한 보장된 결론도 없이 이질적인 정치를 감행하는 것으로 이미 충분하다.

만일 재현 불가능한 것의 지점이 있다면, 사유는 현실의 반영을 따라 결정될 수 없다. 외부적인 준거대상이 없는 설명 절차의 작동을 위해 사유는 반드시 단절을 실행해야 한다. 재현 없는 사유는 재현의 연쇄의 중단을 통해 효과를 생산한다. 그러므로 모든 변증법적 사유는 무엇보다도 단절적 해석(interprétation-coupure)이다. 사유는 증상을 지시하며, 이를 통해 사유의 효과에 관한 (가설적) 해석을 표명한다. 이런 방식으로 마르크스는 『공산주의자 선언』에서 19세기 초의 노동자 봉기라는 사건-증상들(événements-symptômes)의 바탕 위에 프롤레타리아의 정치적 역량—재현의 정치가 아닌 정치—에 관한 가설을 표명한다.

우리는 그의 해석적 방법에서 변증법적 사유를 발견한다. 그러한 사유는 언제나 재현을 배제함으로써 시작한다. 프로이트를 견지하는 라캉의 방법은 주체의 탐색에 관한 지침으로 제시되는 의식적인 재현을 거부하고, 해석적 중단을 통해 실수, 꿈, 이상한 말 등과 같은 고정되지 않은 징후들에 기초하여 간접적으로 작용한다. 파스칼은 인간의 자기중시(autovalorisation)를 위기에 빠뜨림으로써 그의 교수법을 시작한다. 그는 인간에게서 절대적인 분열을 확인한다. 이를테면 인간은 순전한 비참함이며(의미를 박탈당하고, 무한대와 무한소 사이에 사로잡힌 우주의 아주 미세한 조각) 또한 다른 것에 견줄 수 없는 위대함이다(인간의 비참함 자체에 관한 반성적 사유). 이렇게 상정할 때, 해석적 중단은 오로지 분열의 심연에 상응하여 은혜를 통한 구원이라는 가설을 제시한다. 그리고 말라르메는 언어의 분열을 일깨운다. 언어에는 한편으로 소통과 교환의 기능, 곧 말라르메가 화폐적(monétaire)이라고 명명하는 기능이 있다. 다른 한편으로 언어에는 시의 체계를 통해 언명되며, 그것에 비추어 말라르메가 급진적인 가설을 표명하는 어떤 것, 바로 무(néant)에 토대를 두고 사물의 본질을 표출하는 역량이 있다.

이 모든 사례들에서 재현과의 단절은 진리가 재현되지 않은 채 순환하는 과정의 실존에 관한 유적인 가설에 연관된다. 참된 것의 역량에 대한 가설은 곧 프롤레타리아의 정치적 역량(마르크스), 인민 주권의 역량(루소), 다시 하나가 된 구원의 역량(파스칼), 절대적인 책(Livre)의 역량(말라르메), 진리 안에 있는 주체의 역량(라캉)이다. 그리고 그러한 가설은 소급적으로, 사유가 단절(봉기, 시, 자유, 심연 속의 분열, 기표의 위반(délit))을 행하는 초기 증상의 장소에 다 그러한 역량을 실존의 과정으로 삼는 주체를 수립한다. 바로 프롤레타리아, 군중, 인민, 기독교인, 무의식의 주체를 말이다.

그러므로 변증법적 사유는 *주체*의 사후 결과가 확인되는 곳에서 증상적인 *버팀목*을 계기로 (재현들로 이루어진) 지식의 배치에 *구멍*을 내며, *역량의 가설*에 따라 이 배치를 *해석*한다.

이는—근대적인 체제를 보장하는 마르크스와 프로이트 이외에—프랑스에서 오직 파스칼과 루소, 말라르메, 라캉에게서만 발견되는 완전한 방법이다.

그들 네 사람 모두 가장 위대한 작가들 가운데 자리 잡은 비범한 언어의 대가들이라는 점에 주목하자. 이 때문에 철학적 연구의 축적이 결코 독일과 같은 신뢰를 얻지 못했던 프랑스에서는 예술만이 주체와 사건이 유기적으로 연결되는 결정 불가능성의 입장을 조직한다.

만일 변증법적 사유가 재현의 질서와 단절한다면, 그러한 사유는 결코 그 자체의 경험 외에는 실재에 관한 다른 보장을 갖지 않는다는 점을 숙고해 보자. 그 경험의 구멍을 허용하는 것은 바로 단독적인 사건이다.

변증법적 사유는 규칙이 아니라 예외를 통해 시작된다. 그리고 이 예외를 표명하는 새로운 이론적 법칙은 주체의 실존과 관련해 오로지 도박의 형식을 취한다. 그것은 오래된 도박이자 하나의 가설적인 해명이다. 루소는 어떠한 실제 사회도 인민을 주체적인 정치 역량으로 수립시키는 계약에 따라 지탱되지 않는다는 점을 흔쾌히 인정한다. 말라르메의 책(Livre)은 쓰이지 않았다.■ 파스칼에 따르면 어떠한 특정한 구원도 결정될 수 없고, 선택받은 자의 수는 불확정적이며, 틀림없이 그런 수는 실재하지 않을 것이다. 또한 주체의 진리는 유보되며, 따라서 정신분석의 치료는 이론상 끝없이 계속된다. 우리 자신에 관해 말하자면, 우리는 '현실적으로 실존하는' 사회주의■■가 무엇인지 알고 있다.

그러나 그러한 가설에 따른 주체의 결정 불가능성은 주체가 재현될 수 없다는 점에 대해 치러야 할 대가이다. 이와 같은 결정 불가능성은 진리의 원칙이 된다. 결정 불가능성을 명시하며 최초 사건을 반향하는 데서, 예술의 자원은 〔아무리 많더라도—옮긴이〕

■ 말라르메는 세계의 모든 것을 담은 대문자 책을 구상했지만, 이를 쓰지는 않았다.

■■ 현실적으로 실존하는 사회주의 또는 현실 사회주의란 과거 공산권 국가들에서 공산당 주도로 실행되던 소비에트 유형의 계획 경제를 지칭하며, 낮은 단계의 공산주의라 말할 수도 있다. 그러나 현실 사회주의는 이중적 의미에서 불가능성을 나타낸다. 먼저 당-국가 체제가 국가 소멸과 함께 도래할 진정한 공산주의로의 이행을 막고 있었고, 다음으로 그러한 이행이 실시되는 것을 차치하고서라도 현실 사회주의 국가의 지속 불가능성이 역사적으로 증명되었기 때문이다. 그런 의미에서 현실적으로 실존하는 사회주의는 루소의 계약, 파스칼의 구원, 말라르메의 큰 책과 함께 바디우가 이 단락에서 논하고 있는 어떤 큰 일자에 돌려지는 재현의 체계가 불가능함을 보이는 하나의 예가 된다고 할 수 있다.

지나치지 않다. 종교나 시에 관해서도, 그리고 당연히 분석가나 루소의 입법가에 관해서도 마찬가지이다. 정치나 과학 또는 예술에 관해서도 한 치의 의심 없이 마찬가지라고 말할 수 있다.

5. 형식론 1: 금지된/불가능한

앞에서 언급한 선조들이 우리에게 아낌없이 주는 용기를 받아, 나는 형식적 매개들로 되돌아간다.

아무것도 없이 시작하는 이에게는 가장 단순한 추상이 용인된다.

내 작업이 택할 모델은 특히나 빈약한 것이다. 그 모델은 재현 가능한 것의 개념화에 관한 난관들을 정립하는 데 사용된다. 그 모델의 신뢰성은 마치 리오타르가 소피스트적 논변과 회의주의의 일화를 묶은 모음집에 부여하는 신뢰성이라든가, 또는 라캉이 세 명의 죄수에 관한 이야기 같은 교훈적 우화에 부여하는 신뢰성과 비슷하다. 여기서 세 명의 죄수에 관한 라캉의 이야기는 놀랍도록 논리적인 농담이 그저 현실과 거리를 유지하는 기능을 맡는 순서에 따라, 존재의 난제들을 보여준다.

내가 사용하는 자료는 『이 책의 제목은 무엇인가?』(*What is the name of this book?*)•라는 제목의 레이먼드 스멀리언(Raymond

Smullyan)의 책에서 가져온 것인데, 이 책의 제목이 무엇이냐고 묻는 사람은 거꾸로 '이 책의 제목은 무엇인가?'라는 대답을 돌려받게 된다. 요컨대 우리의 정치란 무엇인가를 묻는 사람에게 관건은 '우리의 정치란 무엇인가?'라는 질문에 관여하는 것이라고 대답할 수 있는 것처럼 말이다.

나는 참 또는 거짓이라는 술어적 규정을 지닌 명제로만 이루어진 세계를 상정한다. 이 세계에서 명제의 생산자들은 고정된 법칙에 따라야만 한다. 이 법칙은 명제의 생산자들을 두 가지 부류(classes)로 나누는데, 오로지 참인 명제만을 생산할 수 있는 자와 거짓인 명제만을 생산할 수 있는 자로 구분하는 것이다. 그 뒤에 우리는 거짓인 또는 참인 명제들을 무차별적으로 생산할 수 있는 이들을 추가해 넣고, 우리 스스로도 이 최초의 세계에 들어가게 된다.

우리 나라의 국가 인식에 관한 헤게모니적 구성에 궁극적인 존경을 표하면서, 그리고 아주 오래전부터 지속된 나의 충성을 상기시키면서, 나는 좌파를 언제나 참인 것을 말하는 자들의 부류로,

---

• Dunod, 1981. 레이먼드 스멀리언은 매우 창의적인 논리학자이며, 그의 '교수법'은 철학자에게 밝게 빛난다. 몇 가지 측면에서 그는 루이스 캐럴(Lewis Carroll)의 작품에서 발견할 수 있는 논리를 설명하기 위한 기법을 개선하며, 이를 완전하게 다듬는다. 이 책 외에 그의 『형식적 체계의 이론』(*Theory of formal systems*)도 언급해야 할 텐데, 『형식적 체계의 이론』에서는 1차 위계에 따라 형식화한 정수론의 불완전성을 증명하는 괴델의 유명한 정리와 관련해 제시된 가장 흥미로운 설명을 볼 수 있다.

우파를 일관된 거짓말쟁이들의 부류로 정할 것이다. 이로써 우리는 당연히 무대 위에 올리게 될 저 유명한 크레타의 거짓말쟁이를 우에서 좌로 바꾸게 될 것이다.

참과 거짓에 관련해, 명제는 그 생산자들이 점유하는 장소 즉 왼쪽 또는 오른쪽이라는 사실만을 가지고 규정될 수 있다는 점에 유념하자. 그러므로 언표와 발화 사이에는 기원의 복잡성이 발생하는데, 이는 발화가 이루어지는 장소의 확정이 나에게 즉각적으로 언표의 규정을 허용하기 때문이다. 여기서, 진리가 장소에 따라 식별될 수 있다는 점에서, 우리에게는 진리의 위상학(topologie)이 주어진다. 진리의 운명은 어떤 공간의 방향성과 연결된다. 그 공간이 시간에 따른다는 점을 이해하도록 하자.

그 배치의 실마리는 어쨌든 거기에서 적어도 한 가지 명제는 말해질 수 없다는 점, 즉 받아들일 수 있는 발화를 결여한 언표라는 점에 달려 있다. 관건은 자기 지시적인(autoréférentiel) 언표, 즉 "나는 우파다"라는, 크레타인의 언표의 변이형에 관한 것이다. 그런데 현실의 규칙 또는 의회적 공손함의 규칙은 분명히 누구도 "나는 우파다"라고 말하지 않는 것이다. 우파는 언제나 2인칭으로 표현되는데, "너는 우파다"라는 말이 일상적으로 통용되는 언표이다. "나는 우파다"라는 언표는 결코 우파의 언표가 아니며, 이들은 그 언표에 의미가 있다는 점을 부정한다. 이 언표는 오직 극우파의 언표일 뿐인데, 이런 점에서 극우파는 결코 우파 가족에 속하지 않는다.

그러나 안타깝게도 오늘날 극우파는 우파에 속한다.

내가 제시한 모델에서 우파는 "나는 우파다"라는 언표를 발화할 수 없다. 언제나 거짓만 말하는 우파는 그 자신의 진실을 말할 수 없기 때문이다. 이는 또한 진실을 말하는, 그리고 자신이 좌파임을 인정해야 하는 좌파도 발화할 수 없는 말이다. 그러므로 장소의 법칙에 따라 이 언표는 실현 불가능하다. 이 언표는 일반적인 실재(réel)의 위치에 있다고 해도 과언이 아니다. 진부하게도 우파나 좌파가 모두 '우파의 존재'(l'être-de-droite)를 말할 수 없다는 점을 통해 장소의 일관성이라는 결론을 이끌어낼 수 있다. 여기에서 말하는 '우파의 존재'란 당연히 우파에게나 좌파에게나 확실히 그들의 실질적인 정치적 존재이다.

어쨌든 이 실재는 오로지 구조에만 해당한다. 그것은 가능한 언표 자체가 없는 것이다. 그것은 어떤 상황과도 상관이 없는데, 그 이유는 모든 상황, 곧 참 또는 거짓인 명제들의 모든 복합체가 그 결핍의 조건 아래 있는 어떤 가능성을 실현하기 때문이다. 나는 그러한 구조적 결핍이 장소의 *금지*(interdit)라고 상정할 것이다. 내가 보기에 금지는 하나의 정치적 범주가 아니다. 그것은 어떤 상황에서도 실행할 수 없기 때문이다. 그것은 법칙(Loi)의 존재 자체에 관한 범주이다. 이런 점에서 나는 또한 금지의 위반이라는 고전적인 개념을 상정한다. 설령 사람들이 어떤 성애적인 효력을 말하는 경우와 마찬가지로 이 금지의 위반이라는 개념에 어떠한 정치적 효력도 없다 해도 말이다.

단지 자신이 우파라고 말하기 위해서라면, 극우파 정치인은 정치적인 무대 위에서 나타날 효과보다는 오히려 자신의 향유(jouissance)를 자극하는 충동에 따를 것이다. 불행하게도 그는 전혀 다른 말을 한다.

이 금지에 대해 나는 *불가능한 것*의 역사성을 대조할 것이다.

이번에는, 계속해서 우리의 우파/좌파 위상학 안에서 A와 B라는 두 사람에 관한 다음 명제들을 고찰해 보자. 명제 1은 "B는 우파다"이며, 명제 2는 "A는 좌파다"이다. 그 자체로 볼 때, 어느 누구도 자신이 우파라고 선언할 수 없는 이상 이 명제들은 당연히 B 자신이 첫 번째 명제를 발언하는 경우를 제외하고는 누구에 의해서도 발언될 수 있다. 그러나 일반적으로는 이 명제들은 전혀 금지되지 않는다. 특히 A는 B가 우파라고 분명히 말할 수 있고, B는 A가 좌파라고 분명히 말할 수 있다. 이 명제들에서 주장의 진실성과 허위성이 발언자들의 부류와 부합하기만 하면 그것으로 충분하다. 따라서 B가 좌파—진실을 말하는—이며 마찬가지로 A도 좌파라면, A가 좌파라는 B의 언표는 참인 동시에 그의 발언의 위치에 부합한다.

문제는 여기서 '불가능하게 만들기'라는 고유한 기능을 통해 사건이 무대에 등장한다는 점이다. 만일 A가 B는 우파라고 발언한다면 B가 A는 좌파라고 말하는 것은 영원히 불가능해지는데, 이는

A와 B가 좌파나 우파 가운데 어느 쪽에 속한다 해도 마찬가지이다. 명제 1도 명제 2도 구조적으로 금지되지는 않는다. 단지 A에 의한 명제 1의 발언이 B에 의한 명제 2의 발언을 불가능하게 만드는 것이다.

만약 실제로 A가 B는 우파라고 말한다면, 두 가지 가능성이 생긴다.

① A가 좌파라면 그는 진실을 말하는 것이고, 따라서 B는 우파이다. 결과적으로 B는 거짓을 말해야 하며, 따라서 그는 A가 좌파라고 말할 수 없다. 왜냐하면 그것이 참이기 때문이다.

② A가 우파라면 그는 거짓을 말하는 것이고, 따라서 B는 좌파이다(그리고 A가 주장하는 것과는 달리 우파가 아니다). 그러므로 B는 진실을 말해야 하며, 이에 따라 A가 좌파라고 말할 수 없다. 왜냐하면 A는 우파이기 때문이다.

결과적으로, 누군가를 우파라고 하는 언표가 발화되는 즉시, 우파로 지목된 사람은 자신을 그렇게 규정한 사람을 좌파라고 선언할 수 없는 상태에 놓인다. 그러나 처음에 그런 발언이 없었더라면, 그는 상대방을 좌파로 규정할 수 있었을 것이다. 이 경우 명제 2의 불가능성은 "나는 우파다"라는 명제와 같은 구조적 금지가 아니다. 이 불가능성은 확인 가능한 사실에서, 즉 명제 1의 실제적인 발언에서 유발된다.

바로 이런 의미에서 나는 장소의 금지가 아니라 역사적 불가능성이 관건이라고 본다. 또한 그 금지는 모두에게 향하는 반면 우리의 불가능성은 단 한 사람, 곧 우파라고 규정되었던 사람의 불가능성이라는 점에 유의해야 한다. 불가능성은 장소의 범주가 아니라 주체의 범주이며, 구조의 범주가 아니라 사건의 범주이다. 불가능한 것은 정치를 위한 존재이다.

금지된 것을 발언하기 위해서는, 장소의 법칙을 완전히 파괴해야 한다. 반면 당신에게 역사적으로 불가능한 무언가를 말하기 위해서는, 그저 사실을 배제하기만 하면 된다. 인물 B가 *마치* 인물 A가 명제 1을 말하지 않은 *것처럼* 행세한다면, 명제 2를 또다시 말할 수 있다.

금지를 넘어서기 위해서는 전적인 파괴가 필요하다. 불가능한 것의 경우에는 일종의 난청으로 충분하다. 나의 사건은 사건에 선행하는 오해■를 통해 구성되는데, 이 오해란 불가능하게 만들기가 된다고 여겨진다.

마찬가지로 노동자의 권리에 대한 언표는 요컨대 탈보 공장에서의 순간적이고 구조적인 질서의 전복이 아니다. 그러한 질서를 전복하기 위해서는 그 언표를 불가능하게 만드는 것으로, 다시 말해 전체 사회가 하는 말을 듣지 않는 것으로도 충분하다. 즉 이주노

■ '오해'로 옮긴 malentendu는 바로 앞에서 언급된 '난청'(surdité)과 결부해 '잘못 듣기'로 읽을 수도 있다.

동자는 수입된 상품일 뿐이며, 따라서 신분 유지에 관한 성문화(成文化)된 권리를 가질 수 없다는 이야기를 듣지 않는 정도로 말이다. 권리 없는 권리의 언표가 내재적으로 가능하지만, 오직 그 언표에 선행하는 모든 것으로 인해 불가능한 이상, 이 언표는 선행하는 사실들의 폐지라는 토대 위에서 발생할 수 있으며 법의 소멸을 요구하지는 않는다.

따라서 역사적으로 부여된 불가능한 것의 본질이란 시대의 목소리에 귀를 막는 것이다. 그럴 때 전정치적인 상황이 만들어지며, 이것의 원칙은 우리가 아는 바와 같이 단절이다. 바로 사실에서 거리를 두고 실행되는, 통상적인 사회적 경청의 중단 말이다. 그것이 또한 경찰이 접근하는 이유인데, 그들은 언제나 사실을 보호하는 경찰이며, 귀머거리들에게 대응하는 경찰이다. 경관은 “당신들 귀머거리요?”라고 말한다. 거기에는 이유가 있다. 경찰은 이미 정립된 사실의 소리를 최대로 확대하는 확성기일 따름이다. 그들이 행하고 말하는 어떤 것이 역사적으로 불가능하기 때문에 그들 자신이 귀머거리라는 것을 증명하는 모든 사람을 향한 확성기라는 말이다.

그러므로 전정치적 상황을 정치적으로 탐지하기 위해서는 사람들이 거기에서 중단되는 어떤 것을 포착함으로써 인도되어야 한다고 상정하자. 왜냐하면 불가능한 것의 지점은 오로지 그러한 대가를 치를 때에만 가능한 것이기 때문이다.

오늘날 소통은 대대적으로 선전된다. 그렇지만 불가능으로 가능성을 만들어내고, 진리를 정치 속에서 순환시키는 것은 바로 비소통(incommunication)이라는 점이 분명하다.

6. 형식론 2: 식별적 개입과 도박적 개입

그러한 순환의 구조와 경로는 어떤 것인가?

하나의 작은 이야기가 우리에게 교훈을 줄 것이다.

이번에는 진실을 말하는 좌파와 거짓을 말하는 우파의 실존 이외에, 거짓인 명제와 참인 명제 둘 다를 말할 능력이 있는 사람들로 구성된 중도파가 주도하는 장소가 있다고 가정해 보자.

정치 범죄가 발생했다. 경찰 조사가 시작된다. 구체적인 추정에 따라 세 명의 용의자가 체포된다. 경찰은 그 조사 단계에서 네 가지 사실을 알게 된다.

① 범인은 단 한 명이다.

② 이 범인은 우파 진영에 속하지 않는 것으로 보이며, 우파는 그 범죄를 후원할 아무런 정치적 이해관계도 없다.

③ 세 용의자들 중 한 명은 좌파, 다른 한 명은 우파, 그리고 또 다른 한 명은 중도파인데, 불행히도 우리는 누가 누군지 알 수 없다.

④ 실제로, 이 세 명의 용의자는 다음과 같은 증언 외에는 어떠

한 증언도 거부했다.

- 용의자 A의 증언: "나는 결백하다."
- 용의자 B의 증언: "A는 사실상 결백하다."
- 용의자 C의 증언: "그건 참이 아니다. A가 범인이다."

엄밀하게 분석적인 관점에서 볼 때 여기서 상황은 네 가지 요인에 따라 결정되며, 이 요인들은 상황에 구조를 기입한다.

여러분에게는 사실 그 자체, 즉 범죄가 주어진다. 그리고 정세에 관한 제약이 주어지는데, 이는 물론 가설에 관한 제한 사항이다. 주어진 정황에서, 우파는 범죄를 저지르지 않았으며, 또한 세 명의 용의자는 세 개의 진영을 대표한다. 여러분은 용의자들의 진술처럼 사실을 준거대상으로 하는 명제들을 보게 된다. 이 명제들은 사실 자체에 관해서(누가 범인인가?), 그리고 동시에 사실과 관련한 명제들의 발언에 관해서, 사실을 아는 주체를 연루시킨다. 마지막으로 참의 위상학과 그 부류들과 관련된 구조적이거나 논리적인 제약이, 즉 장소의 법칙이 주어진다.

어떤 사실에 관한 명제들을 토대로, 그리고 정세적이고 형식적인 제약의 틀 안에서 그 사실에 대해 검토하는 것은 아직 정치가 결여된 상황을 분석하기 위한 방법이다. 중요한 것은 그 사실 자체로부터 상황에 제시된 문제, 말하자면 엄격한 분석으로부터 제시된 문제 속에서 결정 가능한 어떤 것을 통제하는 일이다. 우리는 여기에서 개입 없이, 말하자면 정원외적인 언표 없이 작업한다. 상황은 아직 전정치적이지 않기 때문에 여전히 사실의 관할권에 맡겨진다. 형사의 머릿속을 통해 살펴보자.

A가 "나는 결백하다"라고 말한다. 만일 그가 우파라면, 그는 거짓을 말한 것이다. 따라서 그가 진범일 것이다. 그러나 우파는 범죄를 후원하지 않는다는 정세적 제약이 있기 때문에 이 추정은 맞지 않다.

그러므로 A는 좌파이거나 중도파이다.

만일 그가 좌파라면, 그가 결백하다고 말하는 이상, 참으로 강제된 형식적 제약에 따라 그는 결백하다. 이 경우 용의자 A가 결백하다고 말하는 용의자 B는 참을 말한 것이다. 따라서 B는 좌파이거나 중도파이다. 그러나 그는 좌파일 수 없는데, 왜냐하면 A가 이미 좌파이기 때문이다. 그런데 각 진영에는 한 명의 대표자만이 있다. 그러므로 B는 중도파이다. 또한 이 가설에서 그는 진범이기도 한데, 왜냐하면 진범일 수 있는 다른 한 사람이 좌파에 속한 A이며, 그는 범인이 아니기 때문이다.

그러므로 정합적인 분석적 가설은 A는 좌파, B는 중도파이자 범인, 남아 있는 C는 불가피하게 우파라는 것이다.

불행히도, 모순이 없는 다른 가설들이 또 있다. 실제로 우리가 논의했던 것처럼 A는 좌파가 아니라 중도파일 수도 있다. 그런 경우 B가 우파이며 동시에 A가 자기 결백을 주장한다면, A는 거짓말을 하는 것이고 따라서 A가 범인이다. 이에 따라 C는 좌파라는 결론이 나오며, 이는 일리 있는 가설이다. A가 중도파이자 유죄, B는 우파, C는 좌파라는 가설도 정합적으로 작동하는데, 이를테면 주어진 사실과 제약에 따른 거진법(exhaustion)■이 성립한다는 말이다. 마지막으로, 여전히 A는 중도파라는 가정을 바탕으로 B는 좌파라고 추론할 수 있다. B는 A의 무고함을 증명함으로써 참을 말하지만 결국 자신의 유죄를 선언하게 되는데, 범인은 중도파 사람이 아니면 좌파에 속한 사람일 수밖에 없기 때문이다. 그리고 C는 다시 한 번 우파에 속한다. A는 중도파, B는 좌파이면서 유죄, C는 우파라는 가설 역시 잘 들어맞는다.

이에 따라 우리는 상황에 대한 분석적 지식을 나타내는 표에 이른다(c는 범인〔coupabilité〕을 나타낸다).

	1	2	3
A	G	C+c	C
B	C+c	D	G+c
C	D	G	D

*G는 좌파(Gauche), C는 중도파(Centre), D는 우파(Droite).

우리 눈앞에는 어떠한 종류의 방해도 없이, 최고로 탁월한 분석적 이해와 세밀한 해석이 놓인다. 그것은 익히 알려진 시나리오

■ 거진법 또는 철저 논증법은 주어진 사실과 제약에 관해 모든 경우의 수를 검토하는 방식으로 진행하는 논증법을 말한다.

이며, 우리의 언론인들은 이런 것을 너무나 좋아한다. 하지만 무한히 더 복잡한 상황에 관해서는, 이러한 도식적인 상황과 비교해 볼 때 훨씬 더 많은 추론적 노동이 필요할 것이다! 우리는 주어진 사실에 관한 거진법과 제약을 통해 하나의 사실과 세 가지 가설 사이의 상관관계를 숙고할 것이다. 여기에서 사건, 곧 범죄 행위는 발언의 위치 짓기(좌파 또는 우파)에 따라 결정 불가능한 것 속에 감춰진다.

한편, 우리는 분석의 가능성을 철저히 살펴보았다. 따라서 이 표를 통해 우리는 이 상황의 하나로 셈하기(compte-pour-un)를, 다시 말해 장소의 규칙에 따라 이를 통합하는 일을 맡게 되었다.

그 해석을 한 걸음 더 진척시키기 위해서는 무언가를 더하는 것, 즉 보충적인 언표들을 도입할 필요가 있다. 주체의 효과는 여기에서 오로지 상황에 억류된 사건이 행여라도 드러날 수 있도록 하기 위해 보충해야 할 무엇이다.

어떤 주체는, 따라서 어떤 정치는, 밝히는 사건과 밝혀지는 사건의 둘 사이(entre-deux)이다. 그것은 하나의 사건이 다른 사건을 재현하는 무엇이다.

바로 여기에서 개입의 논리가 시작된다. 이것은 이전에는 상황 안에 갇혀 있던 진리가 사건의 형상 속에서 순환하기 시작하는 보충의 지점이다.

그렇지만 개입이 모든 정세적 제약에서, 그리고 특히 모든 지속의 강제에서 벗어난다는 상상은 비합리적일 것이다. 정치를 조금이라도 해본 사람이라면, 상황에 비추어볼 때 정치가 어떤 지점에서 긴급성의 압박을 받는지 알 수 있다. 진리의 있음은 이러한 긴급성의 유지에 달려 있다.

여기에서 개입자는 세 용의자들에게 접근하여 짧은 시간을, 그러니까 기껏해야 한두 개의 명제를 검토할 시간을 확보하는 것으로 충분하다는 점을 짚고 넘어가자.

많은 경우 정치는 가설의 통합체인 그 표가 연장시킨 불가능한 가능성을 지닌 무언가의 해방을 위해 단절을 실행하는 좋은 질문이 제기되어야 한다는 데 집중된다. 이것이 개입의 압박을 받는 미학의 모든 것이다.

여기에서 개입은 확실성이라는 하나의 수단으로 상황을 엄습한다. 이 확실성이란 여러분이 표에서 보는 바와 같이, 용의자 C는 범인일 수 없다는 것이다. 개입은 경찰의 어리석음의 지점을 통해 작동하는데, 분석적 층위에서만 보자면 경찰은 C를 당연히 석방해야만 할 것이다. 개입은 이 상황에서 어리석음의 징후를 즉시 잡아내어, C에게 "당신이 범인이오?"라는 첫 번째 질문을 던진다. 여러분이 이 질문을 제기하는 이유는 순수한 분석을 통해 그 질문의 옳은 대답을, 바로 C가 범인이 아니라는 것을 알고 있기 때문이다. 따라서 여러분은 그 대답에 따라 심문 대상자가 발언하는 장소를 측정할 수 있다. 요컨대, 표에서 보듯이 C가 중도파일 수 없는 이상, 그가 좌파인지 우파인지 알 수 있다는 것이다.

발언의 고유한 장소에 의해 지배받는 질문을 심문 대상자에게 제기하는 정치적 기법을 나는 식별적 개입(intervention discriminante)이라고 일컫는다.

C가 자신은 범인이 아니라고 대답하면 사태는 완전히 정리된다. 그는 참을 말하는 것이고, 따라서 좌파이며, 가설 2가 유효하다.

그러나 C가 자신이 범인이라고 대답한다면 그는 우파이며, 우리에게는 1번과 3번의 두 가설이 남게 된다.

둘 중 어떤 경우라도, 우리에게는 새로 얻어낸 사실이 있다.

우선 우리는 세 개의 가설을 두 개로 줄였기 때문이다. 그러나 무엇보다 진범의 문제가—즉 계속해서 분석적 이해력을 자극하는 문제가—동시에 해결된다. 가설 1과 3에서 범인일 가능성이 있는 유일한 사람은 B이다.

개입은 우리가 사전에 그 이득을 확실하게 계산할 수 있다는 점에서 식별적이다. C의 대답이 '아니요'일 경우 그 대답은 문제를 해결하게 되며, C의 대답이 '예'일 경우 그 대답은 정합적인 가설의 수를 셋에서 둘로 줄이고 범인을 확정한다.

그러나 그 자체가 정치의 원자인 이상, 개입은 범인을 지목하는 것으로 만족할 수 없다. 더 중요한 것은 범인을 (좌파 또는 중도파에서) 위치 짓는 일인데, 이것이 객관적인 사실뿐 아니라 발언에도—즉 주체에도—연결되기 때문이다. 그런데 가설 1과 가설 3 사이의 유보는 이 사안을 해결하지 않는다. 그렇게 유보된 경우(C

가 "예"라고 대답한 경우) 긴급성은 증가하는데, 왜냐하면 남아 있는 두 가설 사이에서 개입자가 단번에 결정을 내려야 하기 때문이다.

정치적 기술은 A에게 C가 범인인지 묻도록 만든다. 여기에서도 다시, 우리가 가설 1과 가설 3 사이에서 결정을 내리기 위해 의지하는 것은 확실성이다(C는 범인이 아니다). 왜냐하면 A가 "예"라고 대답할 경우 그것은 거짓이므로 거짓말을 하는 것은 A이며, 따라서 가설 3이 정당화된다(상기하자면, 가설 2는 논외가 된다. 만약 그것이 옳은 가설이었다면 우리는 이 사실을 이미 개입자의 첫 번째 질문에서 알아냈을 것이기 때문이다).

그렇지만 만일 A가 "아니요"라고 대답한다면 그것은 참이며, 나는 결론을 내릴 수 없는데, 좌파와 중도파 양자 모두 참을 말할 수 있기 때문이다.

따라서 내 질문은 그 자체의 효과를 통해 소급적으로 그에 대한 술어적 규정을 받아들이는 것이다. '예'라는 대답은 그 규정을 성공적인 것으로 만들고 '아니요'라는 대답은 그 규정을 완전히 무의미한 것으로 만들어, 이전 상황으로 되돌아가게 한다.

첫 번째 질문은 필수적인 수정의 효과를 지식 내부에 생산할 수 있다고 여겨진다. 그런 의미에서 그 질문은 분석적 이해력에 의해 보증된 시간 연장(prolongation)으로서의 지위를 얻는다. 내가 무효(effet nul)의 위험을 감수할 때 사정은 달라진다. 대답의 형식으로 일어나는 유보는 완결적이다. 그 자체에 소급적인 봉인이 부과되기에 앞서, 예상의 시간은 무익함과 숙련된 솜씨 사이에서 흔들린다.

이런 유형의 개입은 오로지 그 자체의 효과만을 평가하며 무익함의 위험 아래 놓이는데, 나는 이를 도박적 개입(intervention en pari)이라 부른다. 어쨌든 도박을 하는 편이 낫다고 주장한다는 점에서 정치는 파스칼적이다. 이를 통해 우리는 분석의 안정성이 허용하는 어떤 것의 극한에, 그리고 내가 말했던 식별적 개입을 연장하는 어떤 것의 극한에 이른다.

이런 경우의 곤경은 실패하는 것이 아니라, 상황의 분석을 지배했던 불명확성을 검증하는 일 외에 아무것도 하지 않은 것일 따름이다. 내 관점에서 보자면 정치 내적인(intra-politique) 실패란 정치를 분석적인 것에서 분리해 내는 개입의 무능력이다. 실패하는 것, 그것은 어떤 주어진 확실성의 상태를 중단시키지 않는다.

7. 개입과 조직: 정치. 전(前)미래

내가 견지하는 정치의 구상에서 의미 있는 것은 힘의 관계가 아니라 사유의 실천적 과정이다. 생명력을 잃은 정치가 모든 방면에서 어느 정도까지 그것의 개념들을 군사화했는지 눈여겨보도록 하자. 전략, 전술, 동원, 당일 명령, 공격과 수비, 이동(mouvement)

과 진지(position), 정복, 부대, 간부, 동맹 따위의 어휘들에서 말이다. 적어도 그 언어를 통해 보자면, 우리가 알게 되는 것은 클라우제비츠의 공리에 대한 전도이다.■ 같은 어휘를 이용해 말하자면, 정치는 전쟁의 연장이라 할 수 있다.

이런 호전적인 태도에 관한, 역사적인 계급들을 죽음에 이르는 투쟁에 끌어들인 책임은 마르크스에게 있는가? 나는 오히려 마르크스가 정치를 권력의 충돌에 배치함으로써, 폭력을 정치의 농축된 표현으로 삼는 훨씬 오래되고 널리 퍼진 이해의 유효성을 인정했다고 주장하고 싶다.

바이데마이어(Joseph Weydemeyer)에게 보낸 편지에서 마르크스 자신이 말하는 마르크스주의의 혁신은 계급에도 계급투쟁에도 있지 않다. 그 혁신은 공산주의의 전략적인 가설에, 다시 말해 바로 지배를 중심에 둔 폭력의 형상으로 구상된 정치를 폐기한다는 가설에 있다. 마르크스의 중의성(重義性)은 정치를 정치 자체에 대립적인 개념 안에 보존하고, 혁신적인 인식의 형식들을 그가 정치 자체의 종말론적 소멸이라 생각했던 어떤 것에 위임했다는 점이다. 이런 의미에서 마르크스는 모든 가능한 정치의 공인된 형식과 단절했다기보다는, 오히려 어떤 다른 정치의 가능한 형태를 그린 것이라고 분명히 말할 수 있다. 어떤 의미에서 마르크스는 가능한 정

■ "전쟁은 정치의 연장이다"라는 격언을 뒤집었다는 뜻.

치적 쇠락의 표지를 정치의 공통적 이념에 덧붙였다. 이를테면 노동자 주체들이 오래된 정치적 수단들을 장악하자마자 이를 통해 일어날 수 있으리라 생각했던 쇠락을 말이다.

오늘날 필요한 것은 국가 폭력에 대한 정치의 독립성을 예견하는 것이 아니라 이를 실현하는 것이다. 노동자와 대중의 사건에 대한 가설의 할당(assignation)을 보존하면서 말이다. 그러한 보존은 특히 폴란드와 관련된다. 이곳에서 정치는 어쨌든 시간에 대한 변화된 전망 속에 자리하며, 지속적인 노동자 정치의 일관성이 공격의 역량에 견주어 결정적인 우위를 차지하고 있다.

정치가 그 장 안에서 국가와 전쟁, 압제와 반란을 지배했다는 점에는 의심의 여지가 없다. 정치가 이러한 지배와 공통의 외연을 가지며 정치의 중심 개념이 적대라는 점, 바로 여기에 오늘날 의심해야 할 무엇이 있다.

또는 오히려 이렇게 자문해야 한다. 근원으로 향하고 필요의 관리를 거부하며 목적을 성찰하는 정치, 정의와 평등을 유지하고 실행하는 한편 파국을 공허하게 기다리지 않고 평화의 시기를 책임지는 그러한 급진적인 정치란 어떤 것인가? 이와 동시에 무한한 과업인 급진주의란 어떤 것인가? 실제로, 프로이트의 분석처럼, 만약 혁명적이라는 말을 고수하고 싶은 것이라면, 중요한 것은 혁명적인 정치가 본질적으로 끝없이 지속되도록 요청하는 일이다. 설령 오래된 적대의 법이 더 빨리 완료되는 시제 외에 다른 시제를 지니지 않더라도, 그리고 그 목적에 무관심한 의회의 법이 그 자체의 직설법 현재(présent indicatif) 너머를, 다시 말해 다가오는 선거와 평가절하 사이에 분포하는 계산 가능한 어떤 것 너머를 내다보지 않는다 해도 말이다.

이런 점에서 나는 타자(Autre)가 동일자(Même) 아래 은닉되고 둘(Deux)이 구조에 의해 하나(Un)로 셈해졌던 가설 속에서 사건에 관련되는 도박적 개입을 정치의 원자라고 상정한다. 그러한 개입은 오직 가설들의 가설인 최초의 공리 아래 가능할 뿐이다. 최초의 공리는 이질적인 것이 있음을 표명하는 사건에 정치적 일관성을 부여할 수 있다는 점을, 정치는 경제에 의해 소멸되지 않는다는 점을, 또는 정의는 주체의 본질적인 차원이라는 점을, 그리고 국가적 소통이 중단되는 그곳에서, 뚜렷한 단독성들 가운데 사회적 유대가 흩어지는 그곳에서 주체에 관한 효과를 얻을 수 있다는 점을 뒷받침한다.

도박적 개입은 상황에 대해 제시하는 해석을 통해서 전정치적인 상황을 정치화하며, 이를 토대로 사건이 구축된다. 그러한 개입은 일자의 구조에 맞서 둘을 견지한다. 여기에는 개입 자체의 무효(無效, nullité)함이라는 위험이 도사린다. 따라서 이는 현학적이며 강령적인 개입과 상반된다. 이러한 개입은 해야 할 것이 아니라 장차 사유되어 있을 것*에 의지하여 표명된다. 이 전미래(futur antérieur)는 구성적(constitutif)인데, 그 이유는 이 사유가 개입적 가설과 마찬가지로 상황의 직접적 행위자들과 관련하여 소급작용을 통해 입증되거나 또는 입증되지 않기 때문이다.

이 사유는 계산을 벗어나는 것으로서 제시된다. 그 사유를 말했다는 사실은 이를 입증하는 대답 안에 있을 것이기 때문이다.

전체주의라 명명되는 것의 시제는 과거이며, 그것의 합법성은 전설이나 인종에 따른다. 그리고 의회주의의 시제는 계산 가능한 염가 판매로 내놓은 현재의 무효함이다. 마지막으로, 고전적인 혁명의 시제는 미래가 된다.

그러나 실재적인 정치의 시제는 전미래이다.

이 시제는 그러한 정치의 조직을 선행성과 미래라는 이중적인 차원에 관련짓는다.

일반적으로 정치조직은 표현적 기능과 도구적 기능 사이의 긴장을 통해 사유된다. 그것이 무엇인가를 재현한다고 여겨지는 이상, 정치조직은 표현적이다. 마르크스주의에서는 정치적 역량을 갖춘 계급들을 재현하며, 자유주의에서는 의견의 조류(潮流)를 재현한다는 측면을 보자면 말이다. 또한 이해 관심과 의식을 조직하

■ 원문은 'ce qui aura été pensé'이며, 이 문구는 전미래 시제로 쓰였다. 전미래 또는 미래완료 시제는 미래의 어느 시점에서 되돌아볼 때 이루어져 있을 어떤 행위나 일을 서술하는 데 사용된다. 바디우가 말하는 사건은 전미래적 성격을 띠는데, 주체의 사후적인 해석적 개입에 의해서만 비로소 사건이 일어났다고 인정되기 때문이다.

는 강령의 매개에 따른다는 점에서 정치조직은 도구적이다. 관건은 이 강령을 실행했을 때 우리가 사용하는 용어들을 충족시킬 능력의 위치를 차지하는 것이다.

이러한 조직 또는 근대적 정당의 존재론은 일종의 라이프니츠적 표현성(l'expressif)과 정치적 의식에 대한 강령적 이론을 변증화하는데, 내가 보기에 이러한 존재론은 모든 정치적 조류와 절대적으로 공통적이다. 통상적인 마르크스주의, 곧 낡은 마르크스주의는 이 사안에 관해 어떠한 의미 있는 단절도 도입하지 않는다. 변증법은 여기에 집중하는데, 여기에서 표현성과 도구성, 집결된 의식과 국가적 실천의 결합인 강령은 이어서 강령이 표현한다고 여겨지는 무엇을 더 이상 읽을 수 없는 일반적인 현실에 놓이게 된다. 실제로 국가는 어떤 의미에서 강령적 전망에 따라 정당이라는 도구(l'instrument-parti)의 도구가 되어야 할 것이다. 그러나 국가는 최종적으로 이 사안에 대해 주인이 되며, 그 자체로는 아무것도 표현하지 않고 오히려 이 사안에서 떨어져 나간다. 국가의 분리는 표현을 통해 접근할 수 없다. 국가의 일반적인 과업은 유대의 보존을 공포에 기인한 욕구에 따라 필연적으로 탈유대의 원칙—다시 말해 정치에서 내 고유한 셈을 위해 내가 의지할 수 있는 이념이 뿌리내린 원칙—보다 우위에 두게 하는 절대적 명령들을 일반의지(la volonté)에 고정하는 일이다.

자유주의나 마르크스주의 그리고 파시즘적 성향의 지배적 관념에서 정치는 사실상 폐기된다. 계급의 이념이나 자유로운 사상이라는 이념이 정치를 대신할 수는 없다. 가시적인 세계(le visible)의 총체성을 장악하는 것은 국가와 경제의 복합체이다. 단일 정당이든 다수 정당이든 막론하고, 근대 정당은 오로지 국가로부터만 현실적인 자격을 인정받을 뿐이다. 그런데 국가는 분명히 정치의 장에 속한 본질적인 항임에도, 그 자체로는 몰(沒)정치적(a-politique)이다. 이것이 바로 폴란드에서 이루어진 사회의 격상에 내가 부여하는 심오한 의미이다. 실제로 헤겔이 말하는 국가와 시민사회의 대립은 문제가 되지 않는다. 중요한 것은 정치의 재건을 위한 장소를 명명하는 것이며, 이 장소는 오로지 국가로부터의 독립을 통해서만 작동할 기회를 얻는다. 그러나 이는 국가가 적대 또는 대립의 항이기 때문이 아니라 몰정치적인 항이기 때문이다. 그러므로 모험적이고 지속 가능한, 그리고 공장 노동자들에게 의지하는 개입적 형상의 유일한 목적은 끊임없이 정치의 내재적 사건성을 보존하고자 노력하는 것이다.

이렇게 볼 때 조직은 결정에 따라 필요한 것이며, 계급 유형에 관한 어떠한 구조적 여건에 의해서도, 의견 유형에 관한 어떠한 수동적 여건에 의해서도 지지되지 않는다. 그러한 조직은 순전히 정치의 조직이자 전미래의 조직이다.

8. 교조주의란 무엇인가?

전정치적 상황에 앞서, 도박적 개입은 두 가지 근거와 관련해 조직되도록 요구받는다. 무엇보다, 내가 말한 것처럼, 불가능성이 역사성 안에 도래하기 위해서는 소통의 중단이 중요하기 때문이다. 먼저, 조직된 집합체는 정립된 사실들의 명령에 대해 구성된 난청이다. 외톨이의 귀는 활짝 열려 있다. 오직 조직된 집단만이 두꺼운 귀마개를 소유한다. 다음으로, 도박적 개입은 식별적 개입의 영역을 철저히 검토한 이후에만 합리적이기 때문이다. 우리는 그 위험이 불가피한 것인지를 점검하기 위해 몇 가지 식별적 개입에 착수한다.

마지막으로, 다시 짤막한 이야기를 해보자.

나는 A, B, C라는 세 인물이 우파/좌파의 장소에 있다고 가정한다. A가 말한다. "B와 C는 같은 정파이다."

그러한 주장에서 누가 진실을 외면하는 것인지 알고 싶어, 내가 C에게 "A와 B는 같은 정파인가?"라고 묻는다고 가정해 보자. 요컨대, 그럴듯한 개입이 제시된다. 그러면 C는 내게 뭐라고 대답할 것인가?

① 만일 A가 좌파라면, A는 진실을 말할 것이다. 따라서 B와 C는 같은 정파이다.

B와 C가 좌파라고 가정해 보자. 따라서 A와 B는 같은 정파이

자 좌파이다. 그리고 C 또한 좌파이기 때문에, 그는 진실을 말해야 하므로 "예"라고 대답할 것이다.

만일 B와 C가 우파라면, A와 B는 같은 정파가 아니다. 가설에 따라 A는 좌파이고, B는 우파이다. 그러나 C는 우파이므로 거짓말을 할 것이고, 그러므로 그는 그들이 같은 정파라고 긍정할 것이다. 여기서도 그는 "예"라고 대답한다.

② 이번에는 A가 우파라고 가정해 본다면, A는 거짓말을 할 것이다. 따라서 B와 C는 같은 정파가 아니다.

B는 좌파, C는 우파라고 가정해 보자. A와 B는 같은 정파가 아니며, C는 거짓말을 하므로, 따라서 그는 "예"라고 대답한다.

마지막으로 B는 우파이고 C는 좌파라면, A와 B는 같은 정파이다. 그리고 C는 진실을 말해야 하기 때문에, 그는 "예"라고 대답한다.

소속 정파에 관해 조합해 본 모든 경우의 수에서 C의 대답은 '예'이다. 다시 말해서 내 질문은 완전히 아무것도 가려내지 못하는, 즉 A, B, C가 무엇인지 알아낼 수 없는 셈이다. 상황은 나의 개입으로 영향을 받지 않았다. 그 상황은 어쩌면 전정치적이었을지도 모르지만, 나는 아무것도 알 수 없다.

상황에 아무런 효과도 일으키지 않는 질문을 제기하면서 상황의 술어적 규정에 도움이 되지 않는 이런 종류의 개입을 무의미한 개입이라고 부르도록 하자.

그것이 교조주의의 형식적 원형이라고 해보자. 교조주의가 말하는 것은 외관상으로만 정원외적이다. 교조주의가 듣게 되는 식별되지 않는 대답들은 교조주의가 상황의 기생충일 뿐이라는 것을 확증하며, 상황은 하나로 셈하기의 구조적인 육중함을 교조주의에 귀착시킨다.

교조주의는 결코 둘의 영향을 받지 않는다. 또한 결과적으로, 교조주의는 그 자체로 구조의 상관요소이다. 사건은 원칙적으로 교조주의에 결여되어 있다.

내가 개념을 확립하는 바의 조직은 사건·위험·도박과 관련된 장치이다. 교조주의를 물리치고 적어도 무가치한 것으로서의 계산 가능한 질문들을 상황에 제기하지 않기 위해서는 식별적인 집합적 지식이 아무리 많아도 지나치지 않다.

상황 이후에, 조직은 사실상 하나의 도구가 아니라 그 산물이다. 조직은 이미 일어난 것이 오로지 장소로만 국한되지 않을 것임을 나타낸다.■ 선동자의 충실성과 도박적 개입의 배열을 통해서 조직은 일자가 둘을 봉합하는 데 실패하는 그러한 지점을 열어놓는다. 조직은 그 자체의 전미래에서 '거기 있음'을 반영하는 물질성이다. 정치적 조직은 도박적 개입이 중단에서 충실성으로 나아가

■ 말라르메의 「주사위 던지기」라는 시에 포함된 "Rien n'aura lieu que le lieu"(장소 외에 아무것도 일어나지 않을 것이다)라는 시구를 원용한 것이다.

는 과정을 만들도록 요구받는다.

그런 의미에서 조직은 정치의 일관성에 다름 아니다.

9. 탈숭고화

이제 남은 일은 이러한 과정 또는 절차가 구성적이지 않음을 확증하는 것이다. 내가 이것을 토대로 해서 말하고자 하는 바는 이 절차와 법의 관계가 예시적인 사례의 제시를 통해 이 절차를 정당화하지 않는다는 점이다. 따라서 탈보 공장은 결코 예시적인 사례가 아니다. 이는 정치가 발생하는 단독적인 기입이며, 정치의 합법성을 증명하기 위해 정치가 구축하는 어떤 것이 아니다.

만일 정치적 절차를 추론(raisonnement)에 비유한다면, 그러한 추론은 언제나 귀류법에 따른다는 점을 알 수 있다. 사실상 사건은 그 중단의 힘을 통해, 받아들일 수 있는(admissible) 것의 유효성이 중지되는 결과를 상정하기에 이른다. 받아들일 수 없는(inadmissible) 것은 정치라는 이름에 걸맞은 정치의 핵심적인 준거 대상이다. 정치는 조직된 개입을 통해서 그 결과를 끌어내며, 모순에 봉착하지 않는 이상, 다시 말해 평범한 소음을 다시 들을 의무에 봉착하지 않는 이상, 지속된다.

사실 귀류법에 따른 추론은 도박이다. 우리는 어떤 명제를 부정하는 가설들로부터 받아들일 수 없는 결과들이 뒤따르리라 추정한다. 그리고 이 결과들이 그 명제를 인정하도록 강제할 것이라 추정한다. 그러나 우리는 *언제* 모순에 마주치게 될지 알 수 없다. 여기에는 무한 연역의 위험이 도사리고 있다.

정치의 도박은 이와 정반대이다. 우리는 받아들일 수 없는 것을 기다리지 않는다. 우리는 오히려 그런 것으로부터 출발한다. 정치적 도박은 다음과 같이 추정한다. 중단, 곧 받아들일 수 없는 것으로부터 조직이 연역되며, 이전에 법의 바위에 가로막혔던 급진주의를 실현 가능한 연속적인 도박에 따라 전미래에 펼쳐낸다고 말이다.

구성적 추론은 결코 법과 충돌하지 않는다. 그러한 추론은 그저 법에 따라 내재적으로 남는 하나의 사례를 보여줄 뿐이다. 비구성적 추론 또는 귀류법에 따른 추론은 마주침, 곧 모순과의 마주침이다. 그렇다면 최초의 가설을 포기하거나 무모순(non-contradiction)을, 다시 말해 법 자체를 포기해야만 한다. 만일 모순과의 마주침이 계속 지연된다면, 비구성적 추론은 유예된 실존 속에서 연역적으로 작동한다.

정치는 그 절차의 원칙 자체에 따른 법의 중단과의 마주침을 사건의 형식으로 놓는다. 연속적인 개입은 사건에 대한 일관적인 충실성에 따라 도박의 대상이 된 가설 아래 놓인다. 관건은 이를 조직하는 것, 이를테면 실재적이며 따라서 법의 관점에서 부조리한

(absurde) 사건으로부터 무한이 유래할 수 있다는 점을 조직하는 것이다. 그러므로 비구성적 추론은 정치적 과정의 본성적 요소이다.

말라르메는 「이지튀르」(Igitur)에서 이 모든 것을 완벽하게 요약한다. "우연(hasard)은 부조리(Absurde)를 포함한다. 즉 부조리를 내포하지만, 잠재하는 상태로 내포하며, 그것의 실존을 막는다. 이것이 존재의 무한을 가능하게 한다."

번역하자면, 언제나 주사위 던지기와 같은 개입을 통해 정치적 사건은 부조리, 곧 '받아들일 수 없는 것'을 정치의 절차가 지닌 잠재성(latence) 안에 놓는다. 그리고 이에 따라 정치적 과업의 무한성이 가능해진다.

밑바탕에 깔린(sous-jacente) 변증법은 실존과 존재의 변증법이라는 점에 유의하자. 정치적 무한은 *존재하는데*, 이는 사건의 부조리함이 개입적인 절차에 따라 실존의 외부에 놓이기 때문이다. 절차 자체, 즉 조직의 잠재성과 같지는 않더라도 말이다.

정치는, '하나로 셈하기'가 실패하는 지점에서, 둘의 실존의 지속적인 잠재성에 따른 존재의 무한한 수용(assomption)이다.

따라서 적대(antagonisme)는 공격의 원칙이 아니라, 정치적 존재가 도박의 무한함 가운데 보유하는 무엇의 원칙이다. 그러므로 이는 실존을 지양하는(sursumer) 힘을 가진다.

무한이 개입의 위험을 통해 전파되는 사건적 일관성이라는 점은 이 무한이 결코 현시될 수 없게끔 만든다. 근원으로 받아들여질 수 없을 때, 정치는 그 절차 내에서 현시 불가능하다. 이에 따라 정치는 급진적인 동시에 끝이 없다. 정지점도 없고 무한성의 상징도 없기 때문에, 정치는 숭고(le sublime)를 포기해야 한다. 주체적인 용어로 말하자면, 숭고는 의심의 여지 없이 정치로 하여금 혁명적 재현으로부터 가장 심원하게 거리를 두도록 만드는 무엇이다. 칸트에게서 볼 수 있는 것처럼, 혁명적 역사성의 숭고한 분류(indexation)는 기원에 현존한다. 그러나 폴란드 노동자 운동의 가장 심오한 특징은 투쟁의 숭고함에 반대되는 항상적인 내부적 대립이라는 점에 주의하도록 하자.

탈숭고화는 더욱 심오하고, 더욱 근본적이다. 왜냐하면 사건은 무한이 모습을 드러내는 폭풍우나 별의 충만함이 아니며, 또한 그래서는 안 되기 때문이다. 사건이란 오히려 받아들일 수 없는 공백의 지점이며, 여기에서는 아무것도 현시되지 않는다. 그러나 이 지점에서 부조리를 통해(par l'absurde)■ 무한이 부단한 개입의 연쇄로 실현된다.

우리에게는 숭고한 것을 포기해야 한다는, 그 자체로 숭고한 시적인(poétique) 명령이 남아 있다. 정치의 무한은 모든 현시로부터 거리를 두고 분리되어야 한다. 그것이 말라르메의 지침이며, 나

■ 또는 '귀류법에 의해'.

는 이 지침에 의지하여 이 글을 맺는다. "별자리와 바다는 무한으로부터 분리되어야 한다."

이 텍스트는 대부분 1983년 1월과 1984년 6월 울름 가에 위치한 ENS(고등사범학교, École Normale Supérieure)에서 장-뤼크 낭시(Jean-Luc Nancy)와 필리프 라쿠-라바르트(Philippe Lacoue-Labarthe)가 운영하는 정치철학 교육센터(Centre d'étude philosophique du politique)가 개최한 두 차례 강연회의 발표문을 정리한 결과물이다. 나는 이 자리를 빌려 그 두 사람에게 감사의 마음을 전한다.

또한 일부 자료는 내가 나타샤 미셸(Natacha Michel)과 함께 운영하는 격주간지 『페로케』(Perroquet)에 실렸던 몇 편의 글에서 따온 것이다.

| 옮긴이 후기 |

정치 없는 시대에 정치를 사유하기

오늘날 우리 사회는 어느 때보다 정치에 관한 질문으로 어수선하다. 연이어 집권한 시장보수 세력과 이념수구 세력의 연합 정권은 과거 독재와 친일을 정당화하고, 국가와 사회가 나아가는 방향은 우파적 이데올로기를 넘어서 극우로 향한다. 정치는 어느 때보다 복잡하고 혼란스럽다. 국가기관의 대선 개입에서 시작하여, 강정과 밀양에서 주민들을 상대로 벌어진 탄압, 수백의 어린 학생들과 시민들의 목숨을 앗아간 세월호 참사, 메르스 사태, 재벌기업 특혜 및 노동여건 개악, 친일과 독재 미화를 목표하는 역사 교과서 국정화 기도, 피해자 의견의 반영이 없는 한일 위안부 합의, 사드 배치 파동, 권력의 심부에서 벌어지는 국정농단 등에 이르기까지, 우리가 일반적으로 정치권이라 말하는 재현의 정치 영역이 진행하는 의사일정은 문제를 문제로 덮는 방식으로 흘러가고 있다.

한편으로 대중에게는 전반적으로 선거와 대표 선출이라는 재현적 기제를 제외하고는 어떠한 결정권도 주어지지 않으며, 선거가 끝난 이후의 정치권은 검찰·경찰·법원을 위시한 선출되지 않은 국가기구와 함께 주권 혹은 모든 권력의 원천에서 유리되어 마치 독자적인 자율성의 논리로, 더 나아가 바디우가 말하는 그대로 자동기계(automaton)와 같이 움직이는 반복적 자동성의 기제로 나아가는 듯 보인다.

지금은 그 어느 때보다 정치에 대한 사유가 필요한 시기이다. 국정을 전횡하는 정권과 정권을 제어하지 못하는 야당의 사분오열과 지리멸렬한 모습이 정치에 대한 혐오와 무관심을 불러일으키지만, 오히려 그렇기에 선거라는 수에 따른 관리 체계에서 벗어난 정치, 정치 자체에 관한 사유가 요구되는 것이다. 바디우의 정치에 관한 사유는 바로 이런 점에서 의미를 지닌다. 재현의 정치에서 벗어난 정치 자체를 사유한다는 측면에서 말이다.

'정치는 사유될 수 있는가?'라는 물음

이 물음에 답하기 위해서는 먼저 이 물음이 사유의 가능성을 묻는 그 정치란 무엇인가를 질문해야 할지도 모른다. 바디우가 말하는 정치란 어떤 것인가? 이에 답하기 위해 잠시 정치(la politique)와 정치적인 것(le politique)의 구분으로 방향을 돌리도록 하자. 일반적으로 정치란 국가의 내부 행정, 군사, 외교 등을 아우르는 제도적 차원의 실천을 의미한다(재현의 정치의 영역). 그렇다면 정치적인 것은 무엇인가? 원래 '정치적인 것'이란 정치의 본질을 일컫는 말이다. 보통 프랑스어나 영어에서 형용사에 관사를 붙여 만들어낸 말은 일단 그 형용사가 나타내는 어떤 특성의 본질을 명사형으로 지칭하는 말인데, 정치적인 것이라는 말의 구성도 당연히 이런 용례를 따른다.

'정치적인 것의 개념' 또는 정치의 본질이라는 개념에 대해 근대에 들어서 가장 먼저 이야기한 사람은 독일의 법철학자 카를 슈미트(Carl Schmitt)일 것이다. 독일 국가사회주의 정당 나치스를 대표하는 법철학자 슈미트에게 '정치적인 것'이란 적과 동지의 구별, 한마디로 적대다. 정치적인 것에 관한 논의에서, 슈미트는 자유주의와 민주주의 사이의 모순관계에 관한 입장을 통해 민주주의의 불가능성을 말한다. 당연히 슈미트는 이 모순관계를 주장함으로써 국가사회주의 정당 나치스의 전체주의적 정치를 지지했던 것이다. 그러나 제2차 세계대전 이후 그리고 이어진 냉전 시기 동구권의 전체주의적 정치는 사상가들의 비판을 받았고, 이에 따라 정치적인 것이라는 개념은 한동안 잊힌다.

'정치적인 것의 귀환'을 알린 클로드 르포르(Claude Lefort)에게 있어 정치적인 것은 정치와 구별되면서도 사회 전반을 하나로 묶어내는 상징적 차원을 지칭하는 말이다. 그리고 이 정치적인 것이라는 상징적 중심을 두고 전체주의와 민주주의 사이의 대립 구도가 그려진다. 왕의 목을 자른 프랑스에서, 정치의 중심이 일반의지를 구현하는 혁명정부나 정당에 의해 대체된다고 주장하는 전체주의와 비어버린 정치의 중심을 그대로 비워두고 어떤 집단이나 개인도 이 중심을 (영구적으로) 차지할 수 없게 하는 정치 제도로서의 민주주의 사이의 대립이 말이다.

문제는 오늘날 제도 정치와 재현적 이데올로기 영역의 강화와 확장에 따라 정치적인 것이 더 이상 힘을 쓰지 못한다는 점이다. 덧붙여 한나 아렌트(Hannah Arendt)나 칼 포퍼(Karl Popper)를 위시한 전체주의 비판자들은 인민의 의지가 분출하는 계기인 해방의 정치를 전체주의와 도매금으로 묶어내고, 이를 어떤 가정된 절대악으로 이끌 통로로 폄하하거나, 제도적 민주주의를 실현 가능한 최상의(혹은 적어도 차악의) 정치 체제로 찬양한다. 정치적인 것은 후퇴와 위기의 형상을 띠게 된다. 정치에서 정치적인 것, 곧 그 본질이 사라질 때, 정치는 단순히 국가와 상태의 관리 체제가 될 뿐이며, 더 이상 인민의 의지가 반영되지 않는 선거적 협잡을 토대로 하는 단조로운 재현의 기제로 반복될 뿐이다.

정치의 본질에 대한 사유는 재현의 정치에 결부될 뿐이다. 그러니 질문은 어쩌면 이런 것이어야 할지도 모르는데, 이를테면 정치적 경험이나 대상을 정치적인 것에 따라 재단하는 것이 아니라, 정치라는 물질을 아무런 매개도 없이 그 자체로 사유할 수는 없는

가? 재현의 정치에만 관련된 정치적인 것에 관한 사유는 이론에 머문다. 혹은 재현의 정치와 관계없는 익명의 일반인들에게는 다른 동네 이야기로 들릴 뿐이다. 그러나 경험이나 물질로서의 정치에 관한 사유는 바로 실천과 연결된다.

바디우가 제시하는 정치의 사유는 본질과 그 우유성(偶有性)으로서의 물질 사이를 상당히 도발적으로 전복하는 방식에 의지한다. 그가 말하는 정치란 재현에 따르거나 혹은 제도에 종속된 정치가 아닌 어떤 다른 차원에 속한 무엇이다. 이 책의 논의에서 목표하는 것은 정치의 본질에 관한 논의를 경유한 (재현의) 정치에 관한 사유(정치철학)가 아니라, 정치를 하나의 경험으로, 과정으로, 더 나아가 일종의 물질로 놓는 사유, 어떤 사건 이후 상황 속에 나타난 사건에 충실한 주체들이 구성하는 그러한 진리로서의 정치에 관한 사유인 것이다. 이러한 구도에서 사유는 더 이상 생각이나 공상의 범위에 머물지 않는다. 사유는 실천과 등가화되며, 따라서 '정치는 사유될 수 있는가'라는 질문은 단적으로 '정치는 실천될 수 있는가'라는 질문으로 치환된다.■ 그리고 누구에게나 실천의 가능성이

■ 이런 구도를 염두에 둘 때, 바디우가 머리말에서 스쳐 지나가듯 언급하는 마키아벨리의 두 개념에 대한 해석도 달라지게 된다. 재현의 정치의 관점에서 군주 혹은 지도자에게 속하는 특질인 운(fortuna)과 덕성(역량, virtus)—또는 달리 말해 투케와 아우토마톤—은 해방의 정치에서 우연히 일어나 상황에 구멍을 뚫는 사건과 사건 이후 사건을 선언하며 이를 고수하는 주체의 충실성으로 해석될 수 있는 것이다.

값없이 주어지는 그러한 정치는 재현의 정치와 대별되는 해방의 정치, 곧 진리의 정치다.

마르크스주의 정치의 파괴

물론 이 책에서 다루는 내용은 기본적으로 마르크스주의 정치의 해체와 (재)시작이다. 근대 정치적 기획에서 해방의 정치를 표방하는 가장 전범적인 예시가 바로 마르크스주의 정치였기 때문이다. 혹자는 이런 질문을 제기할 수도 있을 것이다. 마르크스주의 정치가 정치의 전부인가, 민주주의 정치도 있지 않은가? 일단 이 문제는 잠시 접어두도록 하자. 문제는 재현의 정치와 해방의 정치의 구분이다. 마르크스주의 정치 내에도 우리가 아는 민주주의 정치에서 그런 만큼이나 분명하게 국가와 제도적 수단으로서의 당에 따른 정치와 이에서 벗어나는 비지배의 정치 사이의 구분이 있기 때문이다. 그리고 무엇보다 시기적으로 영미권에서 레이건과 대처의 집권과 더불어 이른바 신자유주의 체제가 시작된 세계의 정세에서, 마르크스주의가 자본주의와 의회주의의 결탁에 따라 이름만 남은 민주주의에 대안이 되기보다 오히려 다른 형태의 재현의 체제로 자리매김했다는 점이 문제였던 것이다. 바디우에게 이는 마르크스주의의 완결과 시효만료를 의미하며, 이러한 실패의 형상을 파괴하고, 이 파괴로부터 마르크스주의 정치를, 좀 더 분명하게 말해서 마르크스주의의 외부로서 도래하는 해방의 정치를 구상해야 할 계기가 된다.

이러한 실패의 형상을 분명히 드러내기 위해, 바디우는 마르크스주의 역사의 좌표계에서 세 가지 중요한 준거대상을 지목한다. ① 승리의 형상, ② 민족해방전쟁, ③ 노동자 운동, 이 세 가지 준거대상은 유기적으로 조합되어 마르크스주의를 최상의 정치적 주체로 만들어냈으며, 20세기 초부터 시작된 마르크스주의 정치의 성공과 세계적 확산에 있어 중요한 원천이 되었다. 하지만 이 세 가지 원천은 분명한 단계적 좌초의 경로에 접어들었으며, 이로 인해 마르크스주의는 위기에 봉착한다.

① 승리의 형상은 10월 혁명의 승리 이후 러시아 혹은 소비에트연방에서 구현된 국가와 관련된다. 승리 이후에 시작된 프롤레타리아 독재, 그리고 이에 따른 공포정치는 정치를 방황과 부재라는 위기로 몰아넣는다.

② 승리에 따른 국가 수립과 마르크스주의의 확산은 민족과 인민을 결합하고 이들의 해방을 도모하는 민족해방전쟁이라는 다음 단계로 향한다. 하지만 이 역시 베트남의 역사적 사례에서 실패를 드러낸다. 베트남은 전쟁을 통해 식민지로부터 해방되었으나, 이후 군사대국화의 길에 접어들어 인접 국가들을 침범하고 심지어 같은 공산권 국가인 중국과의 일전도 불사한다. 이에 따라 마르크스주의 정치의 두 번째 원천은 좌초한다.

③ 세 번째 원천인 노동자 운동의 붕괴에 관해 바디우는 폴란

드의 노동자 운동이라는 독특한 예를 제시한다. 공산권 국가 안에서, 국영기업의 부당한 노동자 처우에 대한 저항으로 일어난 이 운동은 분명히 마르크스주의 정치의 외부에서 전개되었다고 할 수 있으나, 그 자체로 정치적인 자기 전개를 거친다. 그리고 이에 따라 마르크스주의와 노동의 연결고리는 붕괴되며, 이 세 가지 원천의 실패로 인해 마르크스주의 정치는 위기에 봉착한다.

이에 관한 비판과 함께하는 정치철학의 흐름은 신철학이라는 이름으로 대두된다. 68 혁명의 세대이자 한때 프롤레타리아 좌파(Gauche prolétarienne)라는 급진적 정파에 소속되기도 했던 이들은 68 혁명에 대한 반성과 비판, 윤리화된 정치철학을 주창하는 새로운 우파 철학자들이다. 바디우는 여기에서 솔제니친과 샬라모프라는, 프롤레타리아 독재와 국가적 공포정치의 귀결로 형성된 유형수용소를 고발한 두 사람의 탁월한 러시아 출신 작가들을 문학적으로 대조하며, 이를 통해 솔제니친을 전범(典範)적인 지위에 올려놓는 신철학자들을 비판한다.

솔제니친이 유형 수용소의 참상과 잔혹함을 다룬 훌륭한 소설가라는 점은 분명하다. 그러나 그의 관점은 러시아인의 영성과 이들의 고난이 러시아 민족의 정화와 인류의 구원을 위한 과정이라는 (종교적) 의미를 부여하며, 이러한 과정에서 스탈린이 러시아 민족을 시험하는 도구—즉 십자가—로 사용된다고 생각한다. 여기에서 정치는 절대적 범죄가 되고, 수용자들은 희생자로 그려지며,

당연히 뒤따르는 귀결은 정치의 부재이다. 이에 반해 샬라모프는 참혹한 수용소 안에서도 수용소 체계와 패거리들의 일원이 되기를 거부하고 인간으로 남고자 노력하는 인간상을 그려낸다. 수용소 안에 정치범은 없으며, 죄지은 자 곧 자기 유죄를 주장하는 자는 아무도 없다. 문제는 바로 무죄-아님의 발명이다. 희생자라는 이름으로 무죄를 가장해서는 결코 공포정치를 종식시킬 수 없다. 바디우의 말 그대로, 희생자의 형상이란 공포정치에 대한 오래된 반동적 비판에 수반되는, 이에 못지않게 오래되고 진부한 대응일 뿐이다.

바디우는 오히려 마르크스주의의 해체와 이 파괴 이후의 폐허에서 새롭게 시작될 정치에 관해 말한다. 마치 하이데거에게 형이상학이 해체해야 할 대상인 것처럼, 바디우의 관점에서 완결된 주기의 경로를 주파한 오래된 마르크스-레닌주의 또는 그 자체로 헤겔주의에 따라 마르크스주의화된 정치의 구축물은 마르크스주의 정치의 구원과 (재)시작을 위해 해체해야 할 대상이다. 그리고 이러한 시작에서 붙잡아야 할 단 하나의 '있음'은 완성된 마르크스주의화가 무너져 내린 폐허에 남겨진 프롤레타리아적 역량의 '거기 있음'이다.

정치의 재구성

잠시 이 책의 구조에 관해 이야기하자면, 파괴와 재구성이라는 전반부와 후반부의 구분은 이 책 이전에 쓰인 『주체의 이론』을 반영한다고 할 수 있다. 그러나 후반부의 내용은 이 책 다음으로 출판된 『존재와 사건』에서 완전하게 전개될 집합론적 존재론의 여러 개념을 보이고 있다. 또한 아직 다수의 진리에 관한 구상을 볼 수는 없으나, 정치를 이후에 네 가지 유적인 절차 중 하나로 받아들이기 위한 예비적 사유의 전개를 보이고 있다.

푸아시의 탈보 공장 사태에 관한 분석에서, 바디우는 정치의 재정초와 관련하여 재현에서 벗어난 비지배의 정치라는 가설과 이에 대한 참여를 정치의 공리로 제시한다. 공리란 이후 집합론적 존재론의 사유에서도 드러나는 그대로, 당연하게 받아들여지는 일종의 작업가설이다. 어떤 체계를 구축하기 위한 혹은 이미 구축되어 있는 체계 안에서 머릿돌과 같은 역할을 하는 어떤 가정, 이에 따라 어떤 체계 안에서 너무나 명백하여 증명할 필요도 없고 증명할 수도 없는 명제인 것이다.

이어서 바디우는 정치에 내재하는 둘의 분열을 간직하는 비지배의 정치 또는 해방의 정치와 관련한 변증법적 개념으로 사건, 공백, 하나로 셈하기, 상황의 구조, 전정치적 상황(공백의 가장자리 또는 사건의 장소), 사건, 개입 등의 개념을 제시하며 『존재와 사건』에서 전개될 사유의 구성요소들을 예고한다. 변증법적 사유의 프랑스 사상가들인 파스칼, 루소, 말라르메, 라캉 또한 『존재와 사건』이 소개하는 중심인물들이다. 주목해야 할 것은 바디우가 말하는 변증법이 분열을 간직하는 사유의 전개 방식이라는 점이다. 변증법

(dialektike)은 합의나 종합을 위한 대화가 아니라, 대화에는 분명히 둘이 관련된다는 의미에서 결코 둘의 합일이 아닌 분열이 지속되는 과정이다. 그렇기에 앞에서 언급한 사상가들에게는 결코 재현할 수 없는 실재가 존재하는데, 파스칼에게는 결코 재현될 수 없는 신, 루소에게는 위임이나 재현이 불가능한 개개인의 의지, 말라르메에게는 시인이나 세계로 재현될 수 없는 시, 라캉에게는 결코 기표로 재현될 수 없는 주체가 바로 그런 실재이다.

다음으로 『이 책의 제목은 무엇인가?』라는 논리 퍼즐 책의 문제가 제시된다. 이 흥미로운 논의에서, 항상 참을 말하는 좌파와 항상 거짓을 말하는 우파 그리고 양쪽을 다 말할 수 있는 중도파가 등장하는데, 이 부분은 마치 쉬어 가는 페이지라도 되는 듯 보이며, 라캉의 『에크리』에 등장하는 세 명의 죄수에 관한 논리 퍼즐을 연상케 한다. 이런 논의 전개 방식은 상당히 유쾌한 방식이기는 하지만 그렇다고 가볍다고 할 수는 없는데, 이를 통해 정치적 주체의 개입 유형을 제시하는 까닭이다.

우파와 좌파만이 등장하는 첫 번째 형식론 퍼즐에서 제시되는 것은 어떤 장소의 금지 또는 구조의 금지, 역사적 불가능성과 전정치적 상황, 사건, 불가능한 것을 위반하는 자로서의 주체이다. 이러한 위반을 위해 주체에게 필요한 것은 귀먹음 또는 난청이다. 이를테면 사회는 소통을 말하며 이를 지배하는 체제는 모든 경험과 지혜의 말을 또는 협박과 억압의 말을 들으라고 강요하지만, 푸아시 공장의 노동자들에게서 드러나듯이, 진리나 사건적 정치의 주체에게 관건은 비소통과 지속적인 귀먹음이며, 이를 위한 조건을 제공하는 것은 뿔뿔이 흩어진 개인들에게 의지할 수 있는 발판과 벽을 제공하는 조직이다. 우파, 좌파, 중도파가 등장하는 두 번째 형식론에서는 상황에 대한 주체의 개입을 논하며, 상황 안의 참과 거짓을 구별해 내기 위한 식별적 개입과 계속되는 개입에도 불구하고 알 수 없는 경우의 수에 대해 어떤 결정을 내려야 하는 도박적 개입을 구별한다. 주체의 개입에는 이 두 가지 형식의 개입 외에도 무의미한 개입이 있는데, 이는 정치의 교조주의적 형식의 원형으로 지적된다.

여기에서 방향을 틀어 국내 상황에서 발견할 수 있는 주체와 개입의 종류에 관해 살피며 책의 나머지 내용을 이야기하도록 하자. 여기에서 들게 될 주체의 두 형상은 각각 세월호 유가족과 박근혜라는 이름으로 표상되는 정치집단이다.

세월호 유가족이라는 주체

2014년 4월 16일은 대한민국 사회에 결코 지워지지 않을 상흔을 남긴 하루였다. 모두가 아는 그대로, 수학여행을 가던 안산 단원고 학생들과 여러 시민들이 탑승한 세월호라는 인천-제주 직항 페리선이 급작스러운 사고로 침몰하여, 총 295명의 사망자와 9명의 실종자가 발생했다. 이 사고를 둘러싼 온갖 의혹과 음모론은 차치하도록 하자. 어쨌든 희생자 유가족 모임은 진상 확인을 정당하게 요구하고 있고, 정부는 온갖 부당한 방법을 동원하여 이를 억압하고 있다.

어쩌면 유가족 모임은 현재 진행되고 있는 사태가 일종의 정치적 과정이라 말하는 주장에 반대할지도 모른다. 정치란 통속적인 의미에서 어떤 형태로든 자기이익을 도모하기 위해 일삼는 온갖 협잡과 술수를 지칭하기 때문이다. 하지만 이들의 요구는 국가적 차원에서 진상을 규명하고 안전대책을 마련하여 희생자들의 죽음을 헛되이 하지 말아달라는 것이며(특별법에 의해 설치된 세월호 특별조사위원회의 작업 등), 이는 곧 바디우가 말하는 정치에 다름 아니다. 그런데 이러한 정치의 요청은 정부의 방해 행위로 인해 난관에 봉착했고, 이들에 대한 사회와 미디어의 관심도 식어간다. 이러한 세태는 '아직도 세월호냐', '보상금은 얼마나 받았냐' 등의 반응에서 전형적으로 드러난다. 그럼에도 불구하고, 아니 오히려 그런 이유로, 세월호 유가족 모임은 스스로 진상 규명 요구를 그치지 않고, 바디우가 말하는 정치와 관련하여 주체로, 곧 사회적 관계나 소통, 제도나 재현의 정치 외부에서 비존재로 나타나는 주체로 자리매김한다.

유가족 모임이 요구하는 것은 단순하면서도 단순하지 않다. 세월호에 올랐던 아이들과 시민들의 죽음을 그저 누구에게나 일어날 수 있는 횡액 따위로 취급하지 말고, 이 사고의 '의미'를 만들어내라는 요청은 정권의 벌거벗은 엉덩이를 드러낼 것이기 때문이다. 이런 맥락에서 보자면, '의미'■에 대한 이들의 요구가 받아들여질 경우, 대한민국이라는 국가체제는 많은 구멍을 인정해야 할 것이며 여러 면에서 더 나은 모습으로 달라지게 될 것이다. 하지만 국가는 몰(沒)정치적이며, 현재적인 상황의 구조를 지키려 하며, 상황 속을 방황하는 공백의 출현을 인정하지 않는다. 당연히 국가는 이들의 요구를 거부하며, 이들은 체제의 관점에서 마치 비존재(또는 공백)와 같은 것으로 취급당한다. 어쨌든 이들이 구성한 조직의 두터움과 여러 시민들의 참여는 사회가 속삭이는 막대한 배보상의 이익이나, 사회 내에 상존하는 반동적 세력의 위협의 목소리에도 아랑곳하지 않을 힘이 되고 있다. 물론 이들이 보여주고 있는 주체적 실천의 일관성에 대해 벌써부터 결산하는 평가를 선불리 내려서는 안 될 것이다. 바디우가 말하는 그대로, 정치의 시제는 언젠가 뒤를 돌아볼 때에나 알 수 있게 될 전미래 시제이기 때문이다.

박근혜라는 이름

박근혜라는 인물과 그 이름으로 표상되는 정치세력을 어떤 정치의 주체로 말할 수 있을까? 현재 박근혜라는 인물이 차지하고 있

■ 최근, 바디우는 『실재적 행복의 형이상학』(*Métaphysique du bonheur réel*, 한국어판 『행복의 형이상학』)이라는 책에서 들뢰즈가 제시한 '의미'와 자신이 제시한 '진리'가 상당 부분 개념적 공통점을 가진다고 말한다.

는 대통령이라는 국가 직위를 놓고 보자면, 이 인물에 관해 어떤 정치적 주체로서의 가능성에 관해 이야기하기는 쉽지 않다. 국가 자체가 몰정치적이기 때문이다. 그리고 정치적 주체라는 개념을 이 사회의 시간을 거꾸로 돌려놓고 있는 이 인물에게 적용하기가 꺼려지는 것도 사실이다. 하지만 정치는 단지 하나의 진리로서만 가능한 것은 아니다. 진리에 반대되는 악으로서도 충분히 가능하며, 사건의 정치와 대척점에서 교조주의와 몽매주의를 뒤섞어놓은 반동의 정치로서도 가능할 것이다.

아마도 박근혜라는 이름으로 표상되는 주체에게 중요한 사건은 독재자 박정희의 죽음일 것이다. 부하의 총에 부친이 급작스럽게 사망하고 모든 명예를 잃어 친일파이자 독재자로 규정된 이후, 박근혜는 자기 삶의 모든 것을 부친의 명예회복에 건다. 그리고 희생자라는 허구의 이미지로 얻은 노년층 절대 다수의 선거적 지지를 통해 정부와 권력을 장악한 이 주체는 부친의 친일 행각을 비밀독립군 활동으로 위장하고 독재를 산업 발전으로 미화하는 역사교과서를 만들어 이를 강제하려는 노력에 사활을 걸었다.

박근혜라는 인물에게는 어떤 분열이 있는데, 한편으로 사회와 국가의 구조적 안정화에 있어 가장 중요한 직위를 점하고 있는 자이면서도 다른 한편 사회나 국가의 안정과는 상관없이(다시 말해 그 외부에서) 정치적 의견의 분열을 간직하고 있는 행위자로의 분열이 그것이다. 직위와는 별개로 정치인 박근혜와 이 인물을 둘러

싸고 구성된 정치세력의 행위를 보자면, 이들은 명백히 국가나 사회의 우세한 의견과 대립하는 정치적 난청의 징후를 드러낸다. 여기저기서 회자되는 '벽을 보고 이야기하는 듯하다'라는 전언이 이를 분명히 보여준다. 또한 이들이 국가 조직을 장악하여 모의한 '정상화된' 역사 교과서 도입 시도는 사회 전반의 의견으로부터의 확실한 단절을 나타내는 몽매주의적 정치의 징후이다.

이러한 시도에 관해 우리는 무어라 말할 수 있을까? 역사를 왜곡하고자 하는 시도에 대한 비판과 여론의 악화는 덮어두더라도, 이 시도를 통한 상황에의 개입은 어떠한 효과도 생산해 내지 못할 것이다. 박근혜 집단의 역사 문제 개입은 우선 역사적 해석의 수정이 아니라 역사적 사실의 왜곡을 목표하는 시도이며, 이런 시도가 성공한다 해도 역사적 사실 자체가 바뀔 수는 없다. 이런 측면에서 이 시도는 무의미한 개입이며, 그리고 만일 이 시도가 선거적 이익과 집권의 연장을 위한 것이라면 그것은 상황 안에서 다른 가능성을 제거하거나 또는 은폐함으로써 진정한 주체의 식별적 개입과 진정한 정치의 가능성을 막기 위한 교조주의적 시도이다. 더 나아가 민주주의의 대한민국을 유신의 대한민국으로 되돌리는 반동·복고적 정치의 시도이기도 하다. 그리고 이런 교조주의와 반동의 정치가 국가권력과 만날 때, 국가는 실패할 수밖에 없으며 사회는 어떤 형태로든 상당한 대가를 치르게 된다. 그것이 독일의 나치스 정당에 관한 역사에서 얻을 수 있는 교훈이다.

무한한 정치와 정치의 탈숭고화

결국 문제가 되는 것은 정치가 어떤 지상권(혹은 주권)의 지위에 올라설 때 야기되는 사태이다. 책의 마지막 부분으로 돌아가 바디우의 관점에서 볼 때, 정치는 숭고한 층위에 있어서는 안 된다. 오히려 정치는 탈숭고화되어야 한다. 앞에서 언급한 폴란드의 운동이나 세월호 유가족 모임의 예가 결코 어떤 전범적인 예시로서 탁월한 지위에 올려져서는 안 된다는 것이다. 모든 진정한 (해방의) 정치는 상황 안의 특정한 어떤 것, 어떤 공백이나 무로 취급되는 무엇과 결부된 정치이며, 전체를 아울러 모든 것에 영향을 미쳐 상황을 장악하는 폐쇄성의 정치란 있을 수 없다.■ 이와 관련한 변증법은 바디우의 말 그대로 실존과 존재의 변증법이다. 하나로 셈하기에 따라 상황 안에 수용되는 실존과 그 실패에 따라 수용되지 못하는 무한히 많은 존재들이 있을 때, 정치는 하나로 셈하기가 실패하는 지점에서 수용되지 못하여 공백과 같이 취급되는 무한한 존재들을 상황 안으로 받아들이는 일이다. 따라서 정치는 결코 끝나지 않는

■ 이 부분에서 라캉의 성차 도식을 떠올리지 않을 수 없는데, 여기에서 남성의 입장은 '예외 있는 전체'—모든 x는 팔루스 함수(거세)에 복종하지만, 팔루스 함수에 복종하지 않는 어떤 x가 있다—그리고 여성의 입장은 '예외 없는 비전체'—모든 x는 팔루스 함수에 복종하지 않으며, 예외는 없다—이다. 해방의 정치는 여성의 입장에 가 닿는다. 이런 이유로 바디우는 진정한 해방의 가능성을 여성에게서 찾는다. 그리고 어떤 하나의 폐쇄된 '전체'를 만드는 것은 재현의 정치와 결부된 양상이다.

무엇이며, 숭고함을 거부하라는 숭고한 명령을 고수하는 무한한 과정이다.

바디우의 민주주의

이후의 사유 경로에서, 바디우는 정치를 네 가지 유적인 진리 절차 중 하나로 간주하고, 이를 예술, 과학, 사랑과 동렬에 위치시킨다. 민주주의에 대한, 특히 의견의 전달도구인 미디어와 수의 관리체계인 선거에 경도된 제도로서의 의회민주주의에 대한 비판적 입장을 계속 견지하며, 『세계의 논리』(*Logiques des mondes*)에서는 서구의 민주주의 정체에 관한 절대화를 꼬집어 민주주의적 유물론이라고 지칭하기도 한다.

어쨌든 민주주의에 관한 바디우의 저술들 중 가장 인상적인 것은 『메타정치학 강요』(*Abrégé de métapolitiques*)의 마지막 장인데, 여기에서 바디우는 흥미로운 방식으로 민주주의 정치에 있어서의 자유와 평등의 조합에 관해 논한다. 생각나는 대로 요약해 보겠다. 상황(σ) 자체의 무한보다 이에 대한 멱집합인 국가 또는 상황의 상태(ε)의 무한은 훨씬 크다. 평등과 동일성을 의미하는 1을 만들어내기 위해 국가의 방황하는 무한을 규제하여 이를 고정시킬 정치함수를 도입(π)해야 한다. 정치함수 π로 국가를 고정시킬 때(π(ε)) 그 결과는 국가로부터의 거리와 이에 따른 자율성 또는 자유이다. 하지만 이 자유는 언제나 방종에 이를 가능성에 노출된다. 그러므로 이 자유의 연산항을 다시 한 번 정치 함수로 규제하고($\pi(\pi(\varepsilon))$), 이 둘을 감산의 관계로 함께 묶으면, 그 결과는 [$\pi(\varepsilon) - \pi(\pi(\varepsilon)) \Rightarrow 1$]로 쓰인다. 바디우는 이것이 바로 민주주의를 표현하는 정식이라고 말한다. 자유는 국가와 거리를 두는 정치적 규정에서 발생하며, 평등은 바로 이 거리두기에서 발생한 공간에서 실행되는 1의 생산이라고 말이다. 그러므로 민주주의란 대의 또는 재현을 통해 모든 것을 아우르는 일자의 구성이 아니라, 국가로부터의 자유와 이 자유에 대한 평등의 규제라는 항을 뺄셈으로 묶어 발생시키는 익명적인 작은 일자와 관련된 무엇이다.

바디우에게 정치는, 민주주의적인 것이든 마르크스주의적인 것이든, 가설과 공리에 따른 정치이며, 제도적인 실체나 구체적인 목표를 둔 강령에 따른 정치가 아니다. 그러므로 민주주의는 이념적 차원에서 말해야 할 자유와 평등의 접합이며, 정치적 사유가 언제까지고 그 자체를 사유하기 위한 무엇이다.

감사의 말씀

원래 이 번역은 몇 년 전에 서용순 선생님의 지도로 당시 고려대 국문과 대학원의 염인수, 송효정, 김남혁 학형들과 함께 일주일에 한 번씩 모여 진행했던 강독 모임에서 얻은 결과물이다. 당시에 나는 프랑스어 실력이 아직 부족했던 탓에 사전만 찾는 정도로는 절대 그 자리에서 해석문을 내놓을 수가 없어 쩔쩔 매다가, 매주 모임 전에 맡은 부분을 미리 해석해서 글로 써 가지고 가기로 했다. 나중에는 다른 분들도 그렇게 작업을 하기 시작했고 그렇게 모두가 해석해 온 글을 모아서, 첫 부분이 좀 비어 있기는 했지만 초벌 번역문을 만들게 되었다. 그 이후로 우여곡절 끝에 몇 년 동안 묵혀 놨던 이 원고의 빈 부분을 채워 넣고 초벌 번역을 고쳐서 출판사로 넘기는 일이 내게 맡겨졌고, 이제야 끝을 맺게 되었다.

먼저 강독을 진행해 주셨고 이후에도 바디우 철학에 관해 지도해 주신 서용순 선생님과 당시 한 해 동안 작은 책이나마 끝까지 함께 읽었던 고려대 학형들에게 감사의 말씀을 드린다. 그리고 이 쉽지 않은 책에서도 특히 난해한 머리말 부분의 해석에 도움을 주신 주재형 선생에 대한 감사 역시 빼놓을 수 없다. 마지막으로, 과문한 탓에 정확하지 않게 구사된 우리말을 고쳐서 읽기 좋은 문장으로 만들어주신 편집자 김미경 님과 천정은 님께도 감사의 말씀을 전한다.

2017년 2월 경주에서

박성훈